儿童教育心理学

〔奥〕阿尔弗雷德·阿德勒——著
颜雅琴——译

Alfred Adler

上海文化出版社
SHANGHAI CULTURE PUBLISHING HOUSE

果麦文化 出品

目录

01

引言

从心理学的角度看，对于成人来说，教育就是理性认识自我和引导自我的问题。儿童其实也是如此。但二者之间存在一定的区别：因为儿童不够成熟，给予他们指导就很有必要。然而，其实成年人有时也需要指导。如果我们愿意的话，完全能放任儿童自主发展；如果他们有两万年左右的发展时间，再加上良好的环境，最终很可能会接近成人文明的标准。但这种方法显然只是天方夜谭，因此，成人必须关注并引导孩子的成长。

要教育孩子，最大的困难就是对儿童的无知。成年人了解自己的心理（包括辨明情绪和爱憎的原因）尚且不易，要理解孩子并在适宜的知识基础上加以指导更是难上加难。

个体心理学（Individual Psychology）[1] 特别关注儿童的心理，不仅因为它本身就很重要，也因为它能对成人的心理特质和行为有所启示。与其他心理学方法不同，个体心理学不允许理论与实践之间存在任何差距。它着眼于人格的统一性，探究人格的发展与表现的动态追求。从这样的角度看，科学知识就是实践智慧，因为所谓知识正源于对错误和谬误的认识。无论是心理学家、家长、朋友还是个体自己，谁拥有这种知识，谁就能运用它来指导人格的发展。

由于个体心理学的方法论，它的各种论述得以成为一个有机的整体。个体心理学认为，个体的行为是由整体人格统一驱动和引导的，因此，个体心理学对个体行为的所有描述，都反映了表现在心理活动中的同样的内在联系。因此，在引言中，我试图对个体心理学的观点进行整体性的论述，后面的章节将更详细地讨论在此提出的相关问题。

人的心中总是充满了能动的、有目的的追求，这是人类发展的根本事实。儿童从出生起，就一直在为发展而奋斗，追求伟大、完美而优越的理想目标，这种目标是无意识形成的，却又永恒存在。这种追求，这种有目标的活动，当然反映了人类特有的思维和想象能力。这种有目的的追求支配着我们一生的所有

1　个体心理学是本书作者阿德勒创造的精神分析心理学体系，以“自卑感”与“创造性自我”为中心，并强调“社会意识”。——译者注

具体行为，甚至决定了我们的思想，因为我们的思考绝不是纯粹客观的，而会跟我们已形成的生活目标和方式相一致。

整体人格隐藏在每个人的存在之中。每个人都会表现出自己的整体人格，同时，整体人格又是由每个个体亲手塑造的。也就是说，我们既是一幅画作，又是绘画的艺术家。每个人都是创造自己人格的艺术家。然而，我们都不是完美无缺的画手，也无法彻底了解自己的灵魂和肉体，只是相当虚弱、极易犯错、并不完美的人类。

在考虑人格的建构时，需要注意的是，人格的统一性以及独特的生活方式和目标，都不是以客观现实为基础的，而是建立在个人对生活事实的主观看法之上的。正因如此，人们虽然生活在同一个事实世界中，塑造自己的方式却各不相同。每个人都根据自己对事物的看法来塑造自己，有些观点比较正确，另一些观点则存在不少问题。在人的成长过程中，我们必须始终考虑到这些个人的错误和失败，尤其是幼年时出现的问题，因为这些都会影响人们的未来生活轨迹。

举个具体的例子，一位 52 岁的女士总是很看不起比自己年龄大的女性。谈到原因，她说，当她还是个小孩子的时候，一个姐姐夺去了所有人的注意力，导致自己总有种被羞辱和被低估的感觉。以个体心理学的“纵向”观点来看这个例子，我们发现，在她的童年和现在有着同样的心理机制和心理动力，也就是说，她总是觉得别人看不起自己，一旦发现其他人得到宠爱或偏爱时，就会感到相当愤怒。即使我们对这个女人的生活或独特的整体人格一无所知，我们也几乎可以根据所了解的两件事实来填补认知上的空白。在这方面，心理学家扮演的角色就像个小说家，必须用一种明确的行动主线、生活方式或行为模式来塑造一个人，同时确保不扰乱这个人物的整体人格。一个优秀的心理学家甚至能预测这个女人在特定情境下的行为，并清晰地描绘出她独特的“生命线”所附带的人格特征。

负责建构人格的是个体的努力或有目的的活动，这也预设了另一个重要的心理事实——自卑感。每个儿童都有一种内在的自卑感，它能激发想象力和创造力，激励孩子通过改善处境来消除心理上的自卑感。一个人处境的改善会降低自卑感，心理学把这种现象称为心理补偿 (compensation)。

重要的是，自卑感和心理补偿机制打开了犯错误的巨大可能性。自卑感可能刺激人们在客观上做出成就；也可能导致纯粹的心理上的调整，从而拉大个人与客观现实之间的鸿沟。或者，自卑感过于严重的时候，人们无法克服这一情境，只能通过加强心理补偿来弥补，这种心理特征的形成不但是必要的，也是不可避免的。

有三类儿童表现出非常明显的补偿性特征：生来就体弱或具有生理缺陷的儿童；从小受到严厉管教、缺乏父母关爱的儿童；被过度溺爱的儿童。

这三类儿童代表了问题儿童的三种基本情况，我们可以据此研究和理解正常儿童的发展。尽管不是每个儿童都生来残疾，但令人惊讶的是，许多儿童或多或少地表现出了某些由生理问题或器官缺陷带来的心理特征。我们可以从残疾儿童的极端情况来研究这些心理特征的原型。而对于被严厉管教和过度溺爱的另两类儿童而言，几乎所有的儿童都在一定程度上能归入其中一类，甚至两者兼而有之。

这三种基本情况都会让孩子产生不足感和自卑感，又会反过来刺激儿童形成超越自己能力范围的野心，自卑感和追求优越始终是人类生命中同一基本事实的两面，因此不可分割。在病理学上，我们很难判断，究竟是过度的自卑感对个体伤害很大，还是膨胀的优越感。二者通常会以某种节律交替出现。在孩子身上可以发现，过度的野心会被夸大的自卑感唤醒，而这种野心又会毒害灵魂，使孩子永不知足。永不知足不会导致任何有意义的行为，也不会结出任何甜美的果实，因为它是由过度膨胀的野心所滋养的。过度的野心可能会扭曲自我，逐渐与性格特征和个人习惯纠缠为一体。野心会永无止息地刺激孩子，使他们变得过度敏感、时刻警惕，害怕受到伤害或蔑视。

这种人（个体心理学的历史案例中充斥着这样的人）虽然已长大成人，个人能力却仍蛰伏未醒，我们常会觉得他们“神经兮兮”或古里古怪。这些人如果再进一步，就会成为不负责任者甚至罪犯，因为他们只考虑自己，从不考虑他人。无论在道德上还是心理上，他们的利己主义都非常彻底。其中一部分人会逃避现实和客观事实，为自己构建一个全新的幻想世界。他们做着白日梦，拥抱纯粹的幻想，将幻象当作现实，从而成功地创造了心理上的宁静。而实际上，他们只是虚构出了一种现实，让心灵与现实得以和解。

心理学家和家长需要观察各种类型的儿童在成长中表现出的社会情感发展程度。社会情感是孩子心理正常发展的关键因素，也是决定因素。任何扰乱社会情感、集体情感的事物都会严重危害孩子的心理发展。社会情感是孩子正常成长的晴雨表。

个体心理学正是围绕着社会情感原则发展起来的教育方法。父母或监护人不应允许儿童只与一个人建立亲密关系，否则，孩子就无法为将来的生活做好准备。

要了解孩子的社会情感，一个很好的办法是观察他入学时的情况。刚进校门的孩子会面对人生中最早也是最艰难的考验。对孩子来说，学校是一个全新的情境，因此，它能揭示出孩子对新情境是否准备充分，特别是对结识新朋友的准备程度。

大部分人都不知道应该如何帮孩子准备应对入学问题，因此，许多成年人回想童年时，总觉得刚入学时简直是一场噩梦。当然，学校如果管理得当，往往也能弥补儿童早期教育的欠缺与不足。理想的学校不仅是一个学习书本知识的地方，还应该充当家庭与广阔现实世界之间的调解人，更应该是一个传授生活的知识和艺术的所在。但是，在期待学校发展越来越完善的同时，我们也应该重视家庭教育中存在的问题。

要分析家庭教育的缺陷，学校可以作为一个指标，这恰恰是因为它还不是一个真正理想的环境。如果家长从未教过孩子怎么与他人相处，他们在入学时就会感到孤独无援。这样一来，他们会被看成古怪的异类，随着时间的推移，他人的看法反过来又让这些孩子的孤独感越来越强。他们的发展由此受阻，最终成为问题儿童。这种情况出现之后，人们常会把责任归咎于学校，但其实，学校只不过是将家庭教育的潜在缺陷暴露了出来。

行为问题儿童能否在学校里取得进步，个体心理学尚未取得定论。但十分确定的是，如果孩子一入学就遇到挫折，那将是一个危险的信号。这与其说是学习上的失败，不如说是心理上的失败，意味着孩子开始对自己失去信心。挫折的后果逐渐显现，孩子会开始逃避有益的道路和正常的任务，寻找其他出口，试图找到通往自由和成功的便捷之路。他会避开社会确定和认可的大道，转而选择更个人化的道路，从而获得某种优越感，补偿其自卑感。这样的孩子总会选择最快捷的成功之路，对他们来说，与遵循既定的社会道路相比，摆脱社会和道德责任，乃至触犯法律更容易找到自我，获得一种征服者的感觉。但这种捷径始终都是潜在的怯懦和软弱的表现，尽管他们的外在行为表现得十分勇敢无畏。这样的孩子往往只会做那些有把握成功的事情，借以夸耀自己的优越性。

正如我们观察到的那样，许多罪犯会表现得相当胆大无畏，骨子里却十分懦弱，所以我们也会发现，这些乍一看十分勇敢的儿童，会在相当安全的环境中，通过种种细枝末节暴露出软弱的本性。因此，我们通常看到儿童（也包括一些成年人）无法自己站直，总得靠着其他什么东西。如果我们用旧的方法来教育儿童、理解问题，即只是针对症状本身，忽视了更根本的整体环境。人们经常这样教训孩子："站好！别靠着！"但实际上，真正重要的不是孩子站没站相，而是他总觉得自己需要支持。通过惩罚或奖励，我们可以很容易地纠正这种软弱的外在表现，但他对支持的强烈需求并不会因此而得到缓解。问题的实质仍然存在。只有优秀的教育者才能看清孩子问题的来龙去脉，带着同情和理解的态度，彻底根除潜在的毛病。

从某个单一的迹象，我们往往可以推论出孩子的多种心理素质和性格特点。如果一个孩子特别渴望依靠某种东西，说明他具有焦虑、依赖等特质。将他与其他我们了解得更透彻的孩子进行对比之后，就能重建这类儿童的人格，简而言之，这种孩子属于被娇惯过度的类型。

现在，我们来谈谈另一类孩子的性格特征——那些缺爱的孩子。通过研究人类有史以来最恶名昭彰的人，我们能观察到这一类儿童的特点，只不过这些特点在这批恶人身上表现得最为淋漓尽致。这些人的生命史中最突出的特点就是小时候受过虐待，于是养成了刻薄、嫉妒而充满仇恨的性格。他们不能容忍别人的快乐。满怀妒火的人不仅存在于恶贯满盈者之间，在所谓正常人中也不乏其类。一旦这些人需要管教孩子，就会认为孩子不应该比自己小时候更快乐。我们时常发现，一部分父母、监护人对孩子抱有这样的态度。

这样的观点和想法不是出于恶意。它们只是反映了那些在严苛环境下成长的人的心态。这样的人可以找出各种好的理由和原则，比如"不打不成器"。他们会提供无穷无尽的证据和例子来证明自己是对的，但这些却无法说服我们。苛刻、专横的教育是徒劳无益的，因为这只会让孩子疏远他们的教育者。

通过探索各种症状并将它们相互联系起来，心理学家可以在实践后建构出个体的人格系统。借助于这一系统，能够揭示出个体隐藏的心理过程。虽然我们所考察的每一点都反映了被调查者的完整人格，但只有当考察的每个方面都得到相同的结果时，才能算是圆满。因此，个体心理学是一门艺术，也是一门科学。我们不应将理论框架和概念系统机械、僵硬地强加于被研究者，这一点怎么强调也不为过。在所有研究中，最重要的是研究个体，我们不能从他的一两种表达模式中推出深远的结论，而应考虑到所有可能支持我们结论的部分。只有当我们成功地证实了暂定的假设，比如，只有在一个人行为的其他各方面找到同样的固执和沮丧时，我们才能肯定，这种固执或沮丧贯穿了他的整个人格。

在这里，必须记住的是，被研究者并不理解自己的行为表现，因此，他无法掩盖真实的自我。我们能从行为中看到他的人格，人格并不在于一个人怎么描述自己、看待自己，而会通过他在环境中的行为表现出来。并不是说他故意欺骗我们，而是我们应该知道，一个人的有意识的思想和无意识的动机之间本来就存在巨大鸿沟——只有客观公正、富含同情的旁观者，才能为这道鸿沟架起桥梁。旁观者（无论是心理学家、家长还是老师）应该学会以客观事实为基础来解读一个人的人格，这种客观事实体现了个体有目的的追求（但或多或少是无意识的）。

因此，人们对个人生活和社会生活三个基本问题的态度，最能揭示他的真实自我。第一个问题是社会关系，在讨论对现实的主观、客观看法往往存在矛盾时，我们已经论述过这个话题了。然而，社会关系本身也表现为一项具体任务，事关如何结交朋友、如何与人相处。人们是如何应对这个问题的？给出的答案是什么？如果一个人对自己有没有朋友、有没有社会关系完全无所谓，同时认为这种态度足够回避社会关系的问题，那么，“无所谓”就是他给出的答案。当然，从这种漠不关心的态度中，我们可以得出关于他人格的方向和结构的结论。此外，要注意的是，社会关系不仅仅局限于实践中的社交，还包括与之相关的所有抽象品质（如友谊、同伴关系、真实和忠诚等）。对社会关系问题的回答同样表明了个体对这些抽象品质的理解。

第二个大问题有关个人如何运用自己的生命——他想要选择什么样的职业。如果说，社会问题是由超越自我的我—你关系所决定的，那么，第二个问题就是由人类—世界的根本关系决定的。如果我们能把所有的人类都浓缩成一个人，这个人仍然与世界存在相互关系。他想从这个世界获得什么？正如第一个问题一样，这个问题也不是个体单方面或私人的问题，而是涉及人和世界的关系问题。这是一种相互关系，并不完全掌握在个体手中。成功并不取决于我们的个人意志，而是源于与客观现实的关系。因此，由于这个原因，一个人对职业问题的回答及其回答方式，相当透彻地反映出了他的人格和人生观。

第三个基本问题来自人类分成两种性别的事实。这个问题同样也不是个体单方面和主观就能解决的，必须依据内在的客观逻辑。如何与异性相处？不要以为这是个典型的个人问题。只有仔细考虑了与两性关系相关的所有问题，才能得出正确的解决办法。因此，如果一个人无法很好地解决爱情和婚姻问题，就意味着人格存在一定的缺陷。此外，对这个问题的错误解答衍生出的各种恶果，都可以解释为更根本的人格缺陷。

因此，我们可以从一个人对这三个问题的回答中，发现他大致的生活方式和目标。个体的生活目标是决定性的，决定了一个人的生活方式，并将反映在他的一举一动之中。如果一个人向往团体合作，生活目标非常积极，在他解决所有问题的过程中都会显现出这些特征，所有的解决方案都具有建设性和可用性。与此同时，他自己也会在这种积极的建设活动中感受幸福、价值和力量。相反，如果一个人的目标很消极、自私而无用，他就会发现自己无法解决根本性的问题，也无法从解决问题中获得快乐。

这些基本问题间的相互联系很强。同时，在社会生活中，这些基本问题会派生出一些特定的任务，而这些任务又必须且只能在社会或公共环境中才能正常进展，换句话说，必须建立在社会情感的基础上——这反过来又强化了基本问题之间的关系。这些任务始于童年早期，我们的感官在社会生活带来的刺激（包括看、听、说）下不断发展，我们在与兄弟、姐妹、父母、亲戚、熟人、伙伴、朋友和老师的关系中不断成长。这些任务以同样的方式伴随一个人的一生，谁失去了与同伴的社交联系，谁就注定会失败。

因此，个体心理学有充分的理由认为，一件事如果对社会有益，那就是“正确”的；一切背离社会规范的行为都是偏离正轨，必将与法律和现实的客观必要性发生冲突。这种与客观现实的冲突首先会让违规者产生无价值感；然后会让感到被侵犯的受害者产生更强烈的报复心；最后，可以说，背离社会规范的行为违背了人们内在的社会理想，而我们每个人都自觉或不自觉地怀有这种理想。

个体心理学十分强调将社会意识作为儿童发展的检验标准，所以理解和评价孩子的生活方式变得相对简单。因为一旦孩子面临人生难题（如面对考试），他就会展现出自己是否已经“正确地”准备好了。换句话说，他将表现出是否具备社会情感，是否勇敢、善解人意，是否追求对社会普遍有益的目标。接下来，我们就能发现他向上奋斗的形式和节奏、自卑感的程度和社会意识的强度。所有这些事物紧密相连、相互渗透，从而形成一个有机的、不可分割的统一体。这个统一体不可分裂，除非被发现了结构上的缺陷，从而重建了全新的统一体。

02

人格的统一性

孩子的心灵十分美妙，每次接触到它，都会令人着迷。最重要的或许是这样一个事实，为了理解孩子做出的某一特定行为，我们必须研读他的全部生命画卷。每个单独的行为似乎都是孩子的生命和整体人格的表现，因此，如果不了解隐匿在行为背后的整个背景，就无法真正理解孩子为什么要这样做。我们将这种现象称为人格的统一性。

人格统一性的发展从很小的时候就开始了，也就是行为和表现逐渐协调成为单一模式的过程。生活迫使儿童整合、统一自己的反应，这种对不同情境的统一应对方式不仅构成了孩子的性格，也让他的行为趋向个性化，从而与其他孩子区分开来。

大多数心理学流派都忽视了人格的统一性——即便没有彻底忽视，也没能给予应有的关注。因此，我们经常发现，许多心理学理论和精神病学技术会将某一特殊的姿势或表达方式看作一个独立的实体。有时，这种姿势或表达被称为某种“情结”(complex)，被假设为可以与个体的其他活动分离开来。但这就相当于从一段完整的旋律中抽出一个音符，试图理解这一单个音符的意义，而不考虑构成旋律的其他音符。这种做法显然不妥，但不幸的是，它应用得相当普遍。

个体心理学必须反对这种普遍存在的错误，因为这种错误一旦流入儿童教育领域，必将贻害无穷。这在有关惩罚儿童的理论中尤为明显。如果孩子做了一些会招致惩罚的事情，通常会发生什么呢？在某种意义上，人们通常会考虑到对这一儿童人格的整体印象，但这往往是一个不利因素——因为如果这个孩子经常犯错，教师或家长就会心存先入为主的偏见，认为他屡教不改。相反，如果这个孩子平时表现良好，人们往往不会那么严厉地处置他。然而，在这两种情况下，我们都没有触及问题的真正根源，即在全面理解儿童人格统一性的基础上，探讨这种错误是怎么发生的。人们往往都脱离了整段旋律，试图理解单独音符的意义。

如果你质问孩子为什么这么懒，不要指望他能真正认识到我们想知道的根本原因；同样，也不要指望孩子能清晰说出自己撒谎的根源。几千年来，苏格拉底深谙人性的名言时时回荡在人们耳边：“认识自己多么难啊！”那么，我们凭什么要求一个孩子回答如此复杂的问题？要知道，哪怕是心理学家也很难给出答案。要理解个体某一行为表达的意义，首先得有办法认识、理解他的整体人格。这种办法不是要去描述孩子做了什么、怎么做的，而是要理解他对面前的任务所持有的态度。

下面的例子能说明理解孩子的整体生活环境的重要性。有这么一个13岁的男孩，他有两个妹妹，5岁之前，他是家里唯一的孩子，愉快地度过了这段美好时光。在这段岁月里，周围的每个人都乐于满足男孩的所有愿望。母亲非常宠爱他。父亲脾气很好、心平气和，很享受儿子对自己的依赖。由于父亲是位军官，经常外出工作，男孩与母亲更亲近。他的母亲聪明善良，总是试图满足儿子的每一个突发奇想，虽然他既依赖又固执。尽管如此，当儿子表现出不礼貌、威胁性的姿态时，她还是经常生气。于是，母子之间的紧张状态产生了。这种紧张主要表现在男孩不断尝试控制母亲，对她专横霸道、指手画脚，简而言之，就是随时随地用各种讨厌的方式吸引别人的注意。

虽然男孩给母亲找了很多麻烦，但也没什么特别坏的毛病，因此，母亲总会屈从他，帮他整理衣服、学习功课。男孩始终相信，母亲会帮自己解决一切麻烦。毫无疑问，他是个聪明的孩子，也受到了良好的教育，8岁之前的成绩都相当不错。直到8岁那年，他发生了一些明显的变化，使亲子关系遇到困局。他粗心懒散，完全不会照顾自己，常使母亲暴怒不已。一旦母亲不给他想要的东西，他就会用力撕扯她的头发；他还总是没完没了地拧母亲的耳朵、拽她的手指，闹得母亲永无宁日。随着妹妹长大，他不但不肯改变自己的行为方式，反而日益固执。妹妹很快就成了他“折磨”的对象。虽然他并没有真正伤害到妹妹，但这种嫉妒心理已经昭然若揭。他的问题行为自妹妹出生开始，因为新生婴儿夺走了他在家里受到的关注。

需要特别强调的是，当孩子的行为变坏，或出现了新的糟糕迹象，不但要注意这种行为开始的时间，还要关注它产生的原因。“原因”这个词必须慎用，因为人们往往不明白，为什么妹妹的出生会导致哥哥成为问题孩子。这种情况其实经常发生，原因可以归结为大孩子对新生儿的错误态度。这不是物理科学意义上的严格因果关系，不能说一个孩子出现了问题，一定是因为弟弟 / 妹妹的出生。我们可以断言，一块石头从天而降，必然会以一定的方向和速度落在地上。而个体心理学的研究表明，在心理的“下坠”方面，严格的因果关系并不起作用，个体的生活中会出现大大小小的错误，它们都能影响一个人的未来发展。

毫无疑问，人类的心理发展过程会出现错误，而且这些错误与其后果密切相关，个体在这些失败或方向错误中显露了自己。问题的根源在于心理的目标设定，这个目标设定包括判断，而一旦需要判断，就有了犯错的可能性。目标的设定或确定从孩子很小的时候就开始了。早在两三岁的时候，孩子往往就开始为自己确定一个追求优越感的目标，这个目标永远在他面前，激励他为之努力。目标的确定往往涵盖了错误的判断，尽管如此，它对孩子仍然或多或少具有约束力。孩子会把自己的目标具体化，用行为去落实它，也会调整自己的生活，不断朝着目标努力。

因此，记住以下两点很重要：其一，孩子对事物的个人化理解决定了他的成长；其二，每当他遇到新的困境时，他的行为会受制于已形成的错误模式。我们知道，某个情境给孩子留下的印象是深是浅、是好是坏，并不取决于客观的事实或情况（例如第二个孩子的出生），而取决于这个孩子看待事实的方式和角度。这足够驳斥严格的因果论：客观事实与其绝对意义之间存在必然联系，但客观事实与看待它的错误观点之间不存在必然联系。

人类心理特别神奇之处在于，决定我们选择方向的是自己对事实的看法，而不是事实本身。这非常重要，因为对事实的看法是我们所有活动的基础，也是人格建构的基石。关于主观看法影响人的行为，恺撒登陆埃及是一个很典型的例子。他跳上岸时绊了一跤，摔倒在地，罗马士兵认为这是个不祥之兆。尽管罗马士兵很勇敢，但如果恺撒没有及时张开双臂大喊："我拥有你了，非洲！"他们很可能会掉头回程。从中我们可以看出，客观现实（恺撒摔了一跤）对我们行动所起的作用相当渺小，这种影响又会被我们结构化的、完整的人格所塑造和决定（将摔跤解读为拥抱非洲大地）。群集心理 (mob psychology) 与理性的关系也是如此：如果在某种情况下，群集心理向常识让步了，那不是因为群集心理或理性常识是由环境决定的，而是因为二者对环境自发的观点正好一致。只有当错误的观点出现并受到批判之后，理性常识才会出现。

回到那个男孩的故事吧，我们可以想象，他很快就发现自己陷入了困境。没有人喜欢他了，在学校也没有进步，但他却仍然不思悔改。他还在不断地干扰别人，这已成为他人格的完整表现。然后发生了什么？每当他干扰了别人，就会立即受到惩罚。他的成绩单相当难看，学校还会给父母发投诉信。事情就这么发展了下去，直到最后，学校建议家长把这个孩子领回家，因为他显然不适合校园生活。

对于这个结果，也许没有谁比这个男孩更高兴了。他就希望这样。他的行为模式在逻辑上表现出了一致性，我们可以从他的态度中看出来。这是一种错误的态度，但一旦形成，就很难改变。他最根本的错误就是总想成为人们关注的焦点。如果他理应为某种错误受到惩罚，总想被人瞩目就是最该受罚的毛病。正是由于这个错误，他不断尝试让母亲围着自己打转；也正是由于这个错误，他表现得像个国王，拥有绝对的权力长达 8 年，直到忽然被剥夺了王位。在他被废黜之前，他只为母亲一个人存在，而她也只为他存在。然后妹妹出生了，占据了他的地位，所以他拼命挣扎，试图夺回失去的王位。这又是一个错误，但必须承认，这样的错误并不代表孩子本性恶毒。当一个孩子忽然面对毫无准备的环境，而且没有任何指导的时候，他只能独自挣扎着应对，这种恶劣的行为就会率先发展起来。举个例子，如果一个孩子只习惯于所有人全心全意投入到自己身上，突然，相反的情况出现了：他进入了学校，老师必须把注意力分散给所有学生。如果这个孩子过度要求老师关注自己，势必会惹恼老师。这种情况对娇生惯养的孩子来说充满了危险，但他绝不是从一开始就恶劣到不可救药的。

很容易理解，这个男孩的个人生活计划与学校的要求之间存在冲突。我们可以用图示来展示这种冲突，也就是说，如果我们用笔画出儿童人格的方向与目的，再画出学校设定的生活目标，会发现二者方向并不一致，甚至南辕北辙。但孩子生命中发生的一切都是由他的目标决定的，可以说，他的整体人格不允许自己偏离这一目的。另外，学校则希望每个孩子的生活方式都比较正常。这样一来，冲突就不可避免了。学校没有认识到这种情境下的儿童心理，既没有考虑到这一点，也没有采取措施，尝试消除冲突的根源。

我们知道，这个孩子的生活是由一种强烈的愿望驱动的，那就是让母亲为他服务，而且只为他一个人服务。他的心里盘旋着这样一个念头：我得控制母亲，一定要独占她。但人们对他另有要求，希望他能自主学习，整理好课本和作业——这就像将一匹烈马拴上马车。

在这种情况下，这个男孩的表现当然不会很好。如果我们理解了他的真实处境，就会给予更多同情。学校惩罚这个孩子是没有用的，这只会让他确信学校不适合自己。如果他被学校开除，或被要求家长带走，他会感到自己的目标达成了。错误的感知图式就像一个陷阱，这个孩子深陷其中。他觉得自己获得了胜利，因为他现在真的掌控了母亲。她必须再次专心服务于他，这正是他想要的。

如果我们认识到了真实的情况，就不得不承认，惩罚孩子的这个或那个错误其实根本没用。以孩子上学忘了带课本为例（要是从来没忘过，那倒是个奇迹了），这是因为一旦他忘了带东西，母亲就得为他操心。这绝不是一个孤立的行为，而是整个人格结构的一部分。要知道，一个人的所有表现都是相互联系的整体，因此，这个男孩的行为完全与他的生活方式一致。而且，他的行事始终与人格相一致，这也否定了这样一种假设，即孩子无法完成学业任务是因为他智力低下。一个智力低下的人无法始终遵循自己的生活方式行事。

这个高度复杂的案例引出了另一个问题，事实上，我们所有人的处境都和这个男孩有点相似。我们自己的生活方式和对生活的理解，从来都不是与社会传统完全一致的。过去，人们把社会传统视为神圣不可侵犯，然而，现在我们已经认识到，人类的社会制度并不神圣，也并非一成不变。它在不断发展变化，而改变的动力正是社会中个体的不断抗争。社会制度是为了个体而存在的，而不是个体为制度而存在。个体的救赎确实存在于社会意识之中，但这并不意味着就得强迫个体接受一刀切的社会模式。

这种对个体与社会关系的思考建立在个体心理学理论基础上，对学校制度及入学适应不良儿童的处理有着特殊的作用。学校必须学会把孩子视为一个具有整体人格的个体，有待培养和浇灌的幼苗，同时，学校必须学会运用心理学知识来判断和评价孩子的特定行为。正如前文所说，我们不能将特定的行为视作各自孤立的音符，而要将其放在整个旋律的背景之中，将其视为整体人格的组成部分。

03

追求优越及其对教育的意义

除了人格的统一性，人性中最重要的心理事实就是对优越感和成功的追求。这种追求当然与自卑感直接相关，因为如果我们没有自卑感，就不会有超越眼前状况的欲望。“追求优越”和“自卑感”实际上是同一心理现象的两个方面，不过，为了论述方便，我会将它们分开讨论。本章将讨论追求优越及其对教育的意义。

对于追求优越，人们想问的第一个问题可能是——它是否和我们的生物本能一样与生俱来？对此，我们的答案是，这个假设不可能成立。我们不能说追求优越是天生的。然而，我们必须承认，追求优越存在某种与生俱来的生物基础，这种基础具有一定的发展可能性。也许这样表达更为贴切：人性与追求优越的发展紧密相关。

当然，我们知道，人类的活动有其局限性，有些能力是我们永远无法获得的。例如，我们永远无法获得狗那么灵敏的嗅觉，也不可能用肉眼看到紫外线。不过，也有一些功能性的能力是可以发展和培养的。正是在这种不断发展的可能性中，我们能看到追求优越的生物学根源，也能看到人格的心理源泉。

正如我们所见，这种在任何情况下都要追求优越的强烈冲动，在儿童和成年人身上都很普遍，不可磨灭。人性不能容忍永久的臣服，为此，我们甚至会推翻自己的神祇。落魄和被轻视的感觉、不确定的情绪和自卑感总让我们更渴望追求优越，从而获得补偿，臻于完善。

我们可以表明，孩子们的某些特质是环境力量的结果。某些环境让儿童感到自卑、软弱和不确定，这反过来又对他们的心理产生了刺激性的影响。儿童会下决心使自己摆脱这种状况，达到更高的水平，获得平等的感觉。向上的愿望越强烈，孩子就会将目标调整得越高，从而证明自己的力量，但这些目标往往超越了人类的能力极限。由于孩子小的时候能从各个方面获得支持和帮助，他们往往设想自己在未来会成为某种神一般的存在，无所不能。在某种程度上，孩子们的行为会被这种认为自己拥有神性的想象控制，特别脆弱的孩子尤其如此。

以一个存在严重心理问题的 14 岁男孩为例。被问及童年时，男孩说，他想起了自己 6 岁的时候，因为不会吹口哨而极为痛苦。然而，有一天，当他走出家门时，忽然成功地吹了口哨。他惊讶极了，并且相信这是神灵附体的结果。这个案例清楚地表明，脆弱感和相信自己是神的想象存在密切的内在联系。

这种对优越感的渴望与一些明显的性格特征有关。通过观察孩子对优越的渴望，我们能够看出他的全部野心。如果这种自我肯定的欲望过于强烈，势必会包含一定的嫉妒成分。这种类型的孩子很容易养成一种习惯，希望自己的竞争者遭遇各种各样的厄运，他不仅暗自希望对手倒霉（这往往会引起神经症），还会故意给别人造成伤害和麻烦，甚至不时表现出走向犯罪的特征。这样的孩子可能诽谤造谣、泄露隐私、贬低同伴，以抬高自己的价值，特别是在有人观察的时候。他认为没有人可以超越自己，因此，无论是抬高自己还是贬低别人都无关紧要。如果他对权力的渴望变得非常强烈，就会表现出恶意和报复行为。这些孩子总会表现得好斗而挑衅，这种态度会体现于外在——他们时常目露凶光、勃然大怒，随时准备与假想敌对抗。对这些渴求优越的孩子来说，考试非常痛苦，因为这会轻易暴露出他们的真实水平。

这一事实表明，有必要让考试适应儿童的特点。考试并非对每个孩子都具有同样的意义。我们常常发现，对于一部分孩子来说，考试是件极为繁重而可怕的事情，他们的脸色忽红忽白，甚至开始结巴、颤抖，又羞又怕，大脑一片空白。有些学生只能和大家一起回答问题，无法一个人站起来作答，因为他们害怕被人盯着。这种对优越感的渴望也会在游戏中表现出来。例如，在玩拉马车的游戏时，这类孩子绝不肯扮演马匹，只肯扮演车夫，必须成为领导者，指挥着马车的前进方向。如果他因经验、能力所限，无法扮演领导者的角色，他也不会让别人高高兴兴地玩游戏，而要动手干扰。如果他因多次失败而灰心丧气，野心就会受到扼制，在遇到新的情况时，他会选择退缩，而不是勇敢前行。

那些雄心勃勃、并未受挫的孩子，则会表现出对各种竞技游戏的偏好。不过，一旦遭遇失败，他们就会错愕不已。可以从孩子喜欢的游戏、故事和历史人物中看出他们自我肯定的程度和方向。以成年人为例，很多人崇拜拿破仑，他的确很适合成为野心家的偶像。那些沉湎于妄自尊大的白日梦的人，往往具有强烈的自卑感。这种心理促使这些失望、受挫的人在现实之外寻求精神上的满足和陶醉。类似的情况也时常发生在梦境之中。

通过进一步考察儿童追求优越的不同方向，我们可以将其分为不同类型。这种分类当然不可能很精确，因为儿童在追求优越方面可能出现数不清的变化，我们主要是借由儿童表现出来的自信程度来进行区分。心理健康、成长没有受到阻碍的儿童会努力把优势用到有益的方向，他们会获得老师的欢心，成为秩序井然的正常学生。然而，根据我们的经验，这些健康的儿童并非绝大多数。

还有一些孩子总想超越他人，将这作为自己的首要目标，表现出一种令人疑心的执着。这种执着中往往夹杂着过度的野心，我们很容易忽略掉这一迹象，因为我们的文化习惯于将雄心看作一种美德，认为它能激励孩子不断进取。这是错的，因为过度的野心会干扰孩子的正常发展。膨胀的野心会产生一种紧张状态，在短时间内，孩子可以承受这种状态，但时间一长，问题就严重了。孩子可能会花太多时间待在家里看书，而忽视了其他必要的活动。这样的孩子常常受到野心驱使，极度渴望在学校名列前茅，而回避其他问题。我们不能满足于这样的发展，因为在这种情况下，这个孩子虽然可能成绩很好，却无法获得身心的健康成长。

这类儿童的生命目标仅仅局限于超越别人，依此来安排自己的生活，这并不是适宜的成长方式。家长得不时提醒他们不要一直盯着书本，应该出去玩一玩，和朋友聚一聚，或是多关注其他事情。这样的孩子虽然不是大多数，却也绝不罕见。

此外，一个班上经常会有两个学生暗自较劲的现象。如果有机会的话，可以仔细观察一下，我们会发现，这些热衷于相互竞争的孩子可能会形成一些不太讨人喜欢的特质。他们变得满怀妒意，而具有独立、和谐人格的人当然不会如此。

他们会因其他孩子的成功而恼火，如果别人超越了自己，他们甚至会出现神经性头痛、胃痛等毛病。如果其他孩子受到表扬，他们会躲到一边，绝对不会称赞别人。这是嫉妒的表现，还不足以反映出这类孩子的野心过度。

这样的孩子无法与同伴和睦相处。在玩游戏时，他们永远都想处于主导地位，不愿意服从规则。这样一来，他们就难以在集体活动中体会到乐趣，并时常对同学态度傲慢。他们每一次与同学的接触都很不愉快，他们认为，跟同学接触越多，自己的地位就越摇摇欲坠。这样的孩子永远不确定自己是否成功，当他们感到自己身处的环境不够安全时，就很容易感到惴惴不安、不知所措。别人和自己寄予的期望太过沉重，他们不堪重负。

这些孩子对家人的期望十分敏感。面对每一项摆在眼前的任务，他们都会满怀兴奋和紧张地去完成，因为他们总希望超越眼前所有的人，成为“最亮的星”。他们背负着希冀的重量，而且只要环境适宜，他们就愿意负重前行。

如果人类掌握了绝对的真理，并且能够找到一个完美的方法来避免孩子们的困境，那么，或许就不会有问题儿童了。就因为我们没有这样的方法，也无法给孩子提供尽善尽美的学习环境，所以很明显，对这些孩子寄予过高期望非常危险。同样是遇到困难，这些孩子的感受会与其他儿童截然不同，因为后者没有这种不健康的雄心壮志。我在这里说的困难，是指那些不可避免的困难。我们无法永远将孩子保护起来，不让他遇到任何困难。一方面是因为我们的教育方法并不适用于所有孩子，需要不断发展、寻求改进；另一方面则是因为过度的野心会破坏孩子们的自信，导致他们丧失克服困难的勇气。而一旦没有勇气，困难是绝对无法克服的。

野心过度的儿童只关心最终的结果，也就是让大家承认自己的成功。如果没有别人的认可，成功本身不足以满足他们。我们知道，在很多情况下，对于孩子来说，在困难面前保持自己的心理平衡比立刻着手克服困难更为重要。被迫踏上野心勃勃之路的孩子不会知道这一点，他认为人生不能缺少别人的钦佩。这种过度依赖他人意见的孩子绝不少见。

我们可以从那些天生器官有缺陷的儿童身上看到，保持价值观平衡是多么重要。当然，这种情况很常见。大多数人不知道，许多孩子的左半侧比右半侧发育得更好。我们的文化推崇右利手，因此，左撇子在社会中会遇到许多困难，许多天生的左撇子后天改造成了右撇子。需要使用一定的方法才能判断一个孩子是天生的左撇子还是右撇子。我们发现，很多被认为存在写作、阅读和绘画方面的障碍而且手很笨拙的孩子，其实都是左撇子。要弄清楚孩子先天是左撇子还是右撇子，有个很简单的办法，但不是绝对准确——就是让孩子双手十指交握。左撇子的孩子通常会把左手大拇指压在右手大拇指上面。令人惊讶的是，有许多人是天生的左撇子，但就连他们自己都不知道。

如果我们对大量左撇子儿童的生活史进行研究，会发现这样的事实：首先，这样的孩子通常曾被视为笨拙（这并不奇怪，因为我们的世界以右撇子为主）。要体会这种情况，我们只需要想象一下，作为习惯了右道行驶的我们，忽然到了一个左道行驶的地方（例如英国或阿根廷），过马路有多别扭。左撇子儿童面临的情况还要更糟，家里其他人都是右撇子。他的左撇子不仅给自己带来麻烦，也扰乱了家庭秩序。当他在学校学写字时，会发现自己低于平均水平。没有人知道真正的原因，所以他会受到斥责，拿到低分，经常受到惩罚。除了相信自己在某些方面比不上别人之外，他无法更好地解释自己的处境。他感到自己越来越弱，产生自卑感，觉得自己无力与他人竞争。他在家里也会因笨拙挨骂，这又进一步加重了孩子的自卑感。

当然，左撇子儿童不必就此自暴自弃。但有许多孩子面对类似情形而放弃了努力。他们不了解真实情况，也没有人教他们如何克服困难，所以他们很难坚持努力下去。因此，许多人的字迹潦草，难以辨认，是因为他们从来没有充分训练过自己的右手。事实证明，通过训练，这方面的困难是可以克服的，在最优秀的艺术家、画家和雕刻家中，许多人是天生的左撇子。他们通过不断训练，获得了灵活使用右手的能力。

有一种迷信认为，左撇子哪怕通过后天的训练变得善用右手，往往也会口吃。之所以会出现这种迷信，其实是因为这些左撇子儿童遇到的艰难险阻太多，可能会导致他们失去说话的勇气。这也是为什么在具有其他心理问题（如神经症、自杀、犯罪、性变态等）的人群中，左撇子的数量特别多。但另外，我们也常常发现，那些克服了左撇子的人也能取得很高的成就和地位，尤其是在艺术领域。

尽管左撇子作为一个单一的特征微不足道，但它仍然教会我们一些非常重要的东西：在帮助孩子将勇气和毅力提高到一定程度之前，我们无法判断他的潜力究竟有多强。如果我们吓唬孩子，夺走他们对美好未来的希望，他们或许也可以凭借自己的努力生活下去，但如果我们能够多加鼓励，培养他们的勇气，这些孩子一定能够取得更大的成就。

志向过于远大的儿童也容易碰到困境，因为人们习惯于以成败论英雄，而不是根据他们面对困难、克服困难的能力加以评价。当代社会，人们更关注成绩，而不是全面、彻底的教育。要知道，不费吹灰之力就获得的成就极易消逝。因此，培养孩子争强好胜并无裨益。更重要的是要培养孩子的勇敢、持之以恒和自信，要让他们懂得胜不骄败不馁，面对挫折时不能失去勇气，而要将其作为一个新的问题来应对。当然，如果老师能够判断孩子在某个领域的努力是否有希望，能确定孩子是否已经尽自己所能，对孩子的成长当然会更有好处。

正如我们所见，孩子对优越感的追求可能表现在性格的某一侧面上（如争强好胜）。有些孩子的优越感最初表现为争强好胜，然而，由于其他孩子远远超越了自己，看起来似乎没有什么获胜的希望了，他们就会放弃好胜心。面对缺乏胜负欲的学生，许多教师会采取相当严厉的措施，或者给他们打出很低的分数，希望能够激发他们潜伏的好胜心。有时候，如果这些孩子仍然保有一定的勇气，这种方法确实可以奏效。然而，这种方法不宜普遍使用。那些学习成绩本来就跌近警戒线的孩子很可能会被弄得完全不知所措，甚至陷入彻底的茫然、愚钝状态。

但是，如果我们能以温柔、细心和理解的态度对待这些孩子，他们展现出的聪明才智往往会令人吃惊。的确，以这种方式转变过来的孩子往往会表现出更大的抱负，原因很简单——他们害怕回到原来的状态。过去的生活方式和无所作为就像是警示灯，不断鞭策他们前进。在后来的生活中，他们中的许多人就像着了魔一般沉迷工作，夙兴夜寐，再劳累也觉得自己还不够努力。

如果您还记得个体心理学的基本思想，即每个个体的人格（包括儿童和成人）都是统一的整体，并且总是按照某种固定的行为模式来自我表达时，这一切就更加清楚了。脱离行为者的人格来判断他的某一行为是没有意义的，因为一个具体的、单一的行为可以用多种方式来解释。如果我们结合人格来理解特定的行为或态度，做出的判断就可靠多了，比如说，一个孩子经常迟到，可以理解为他对学校布置任务的必然反应。也就是说，迟到是因为他不想上学，所以就懒得去遵守学校的规章制度。事实上，他是在尽可能地表现出对学校的反抗。

从这个观点出发，我们就更能理解所谓的“坏”孩子了。孩子之所以不想上学，是因为他追求优越的心理没有转化为接受学校的要求，而是表现为对学校要求的拒绝。然后又出现了一系列典型的行为症状，日益退步，逐渐堕入不可救药的境地。孩子可能会越来越乐于担任小丑的角色，除了出丑卖怪、引人发笑，再也不想做别的事情。他还可能会激怒、惹恼同学，旷课逃学，与社会上乱七八糟的人混在一起。

因此，可以看出，我们不仅掌握着孩子在学校的命运，也决定了他们的未来发展。学校的教育和培训对个体的未来起着决定性的作用。学校处于家庭和社会之间，有机会纠正孩子在家庭教育中形成的不良生活方式，有责任为孩子适应社会生活做好准备，保证孩子在社会这个大乐团中和谐地“演奏”好自己的角色。

从历史上看，学校总是试图按照各个时代的社会理想来教育和塑造个体。根据时代变迁，学校曾先后为贵族、教士阶层、资产阶级和一般民众服务，始终按照特定时代和统治阶层的要求来教育孩子。今天，社会理想已经有所变化，学校也必须做出相应改变。因此，如果说，当今社会的理想人才是独立、自律而勇敢的人，学校也得做出相应的调整，努力培养接近这种理想的学生。

换言之，学校不应把目标集中在自己身上，而应牢记，教育学生是为了让他们走向社会，而不是让他们适应学校。因此，学校不应忽视那些不努力争当模范学生的孩子，他们未必没有追求优越的心理，很可能只是把注意力转移到了其他事情上。在那些方面，他们比较放松，相信自己更容易成功（虽然这种相信不一定是对的）。这可能是因为他们早年曾无意识地探索过这些领域，并且获得了一定的成绩。因此，他们可能当不了杰出的数学家，但可以在运动场上一展所长。教师千万不要忽略孩子在这些方面的成绩，而应该将它作为一个突破口，鼓励孩子在其他领域继续追求进步。如果教师从孩子某个方面的优点出发，加以鼓励，相信他们可以在其他领域获得同样的成功，那么，教育孩子的任务就轻松多了，就像引导羊群从一片肥沃的牧场转向另一片肥沃的牧场那样自然。既然所有的孩子（除了智力缺陷儿童）都具备取得学业成功的能力，那么，学校要做的就是克服那些人为设置的障碍了。这些人为障碍源于抽象的学业成绩，而不是将教育的最终目的和社会目标作为孩子的评价标准。从学生方面来看，这些障碍则体现在缺乏自信，其结果是孩子仍然会努力追求优越感，但却可能偏离对社会有益的轨道，因为在这些有益活动中，他们难以找到梦寐以求的优越感。

在这种情况下，儿童会怎么做呢？他会想办法逃避问题。我们常常发现，这样的孩子会做出一些特别的行为（如特别顽固、无礼的表现），这种行为当然不会得到老师的赞扬，但很可能会引起老师的注意和其他孩子的钦佩。这样的孩子能从自己制造的骚乱中获得好处，从而将自己看作非同一般的大英雄。

这种心理表现和行为偏差是在学校暴露出来的。它们的根源未必都在学校，但确实是在学校才浮出水面。可以说，除了积极的教育和矫正任务之外，学校还是一个暴露孩子早期家庭教育缺陷的场所。

细心敏锐的优秀教师在孩子上学的第一天就能观察到很多东西，因为许多孩子会马上暴露出娇生惯养的迹象，对他们来说，新环境（学校）充满了痛苦和不适。这样的孩子缺乏人际交往的经验，而获得友谊对他们至关重要。在入学之前，孩子最好已经拥有一些与人交往的知识和经验。他不能只依赖一个人而将其他人排斥在外。家庭教育的错误必须在学校得到纠正，当然，如果家庭教育很成功那就更好了。

在家里被溺爱的孩子，不可能马上就学会专注学习。这样的孩子无法专心。他更喜欢待在家里，而不愿意去上学。事实上，他根本没有“学校意识”。我们很容易察觉孩子对学校的厌恶情绪。比如说，父母每天早上都得哄孩子起床，催他们做这做那；孩子总在吃早餐的时候故意磨蹭；等等。这样的孩子似乎为自己的进步筑起了一道不可逾越的屏障。

要矫正这种情况，办法与解决左撇子问题无异：我们必须给这些孩子时间去学习和改变。不要因为上学迟到而惩罚他们，因为这只会加剧他对学校的厌恶感。惩罚只会让这些孩子更加相信自己不属于学校。如果父母为了强迫孩子上学而加以体罚，孩子不仅不愿意上学，还会想方设法来应对这种处境。当然，他们找到的办法只是逃避，而不是真正能够解决困难的手段。孩子对学校的厌恶感、对学业的无力感，会表现在每个动作和行为之中。他永远不会把书本好好地摆放在一起，经常忘记或丢失书本。如果我们发现一个孩子经常忘记或丢失书本，就可以确定，他在学校并不如意。

如果进一步调查这些孩子，人们几乎总会发现，他们对自己的学业成就完全不抱希望。这种自我低估并不完全是他们自己的错，周围的环境也起到了推波助澜的作用。在家里，愤怒的家人可能会骂他们没有未来，愚蠢没用；在学校，他们可能会感到这些预言被证实了。他们缺乏判断和分析能力（他们的长辈通常也缺乏这种能力）来纠正这种错误的见解和预言。因此，他们还没来得及战斗，就彻底放弃了努力。他们将不努力导致的失败视为一种不可逾越的障碍，反过来用以证明自己的无能和自卑。

错误一旦铸成，纠正的可能性就很小。这些孩子一开始会在表面上努力进取，但通常还是会落在别人后面，于是他们很快就会放弃努力，把注意力转向给旷课、逃学编造借口。旷课、逃学，通常被视为非常严重而危险的恶劣行径，会受到严厉的责罚。因此，孩子会认为，自己是被迫用说谎、造假来蒙骗学校和家长的。此外，还有一些让他们在错误的道路上渐行渐远的方式。有些孩子会伪造家长签字，篡改成绩单，还会向家人编造一系列在学校的生活故事，但其实已经逃学一段时间了。学校上课，他们就找个地方躲起来。不用说，他们通常能在这样的藏身之处找到其他同路人。逃学之后，他们追求优越感的心理无法实现，这就驱使他们采取新的行动，确切地说，就是通过违法行为来追求优越。这样一来，这些孩子会在错误的道路上越走越远，最终走向犯罪。他们会组成帮派，开始偷窃，染上性变态行为，由此证明自己长大了。

一旦他们迈出了这一步，就会不断寻找新的方式来满足自己的野心。如果他们的行为没有被发现，就会觉得自己可以犯下更大胆的罪行。为什么这么多孩子不愿放弃犯罪，反而希望沿着这条路走得更远？这是因为他们认为，除此之外，自己永远无法在任何其他方向取得成功。他们排除了一切具有建设性的有益事情。他们的野心不断受到同类的刺激，驱使他们采取非社会或反社会的行为。每一个具有犯罪倾向的孩子都极端自负。这种自负与野心有着同样的根源，它迫使这些孩子不断以这种或那种方式表现自己的与众不同。当他们不能在生活的积极面找到一席之地时，就会转向消极的一面。

以一个杀死老师的男孩为例。调查这个案例之后，我们发现这个男孩具备上述所有特征。负责教育这个孩子的是一名女教师，她十分仔细谨慎，但过于紧张，认为自己非常了解心理活动的表达和功能。这个男孩对自己失去了信心，曾经的心高气傲彻底破灭。生活和学校没有满足他的期望，于是他转向了违法犯罪，借此来摆脱教师和教育专家的控制。因为我们的社会目前还没有设计出将罪犯（特别是未成年罪犯）作为教育问题处理的机构，也就是说，我们没有将犯罪作为心理问题来矫正的机构。

所有从事教育行业的人都很熟悉这么一个奇怪的事实，我们经常会在教师、牧师、医生和律师家庭中发现任性的孩子。这种情况不仅发生在职业声望不高的家庭，还经常出现在人们普遍认为十分成功的人物家中。尽管他们拥有很高的专业权威，却似乎无法给自己的家庭带来和平与秩序。对这种现象的解释是，在所有这样的家庭中，某些重要的观点要么被完全忽视了，要么就没有得到理解。举个例子，其中的部分原因来自严格的规章制度，负责管教孩子的家长自以为很有权威，将一些过度严苛的规则强加给自己的家人。这样一来，他们就过分严厉地压迫了自己的孩子，威胁甚至完全剥夺了他们的独立性。这种做法可能在孩子身上唤起反抗的情绪。父母的责罚深深根植于孩子的记忆之中，他们很可能为此展开报复。要知道，父母深思熟虑的教育方式会导致他们特别关注自己的孩子。在绝大多数情况下，这是件好事。然而，这也会让孩子总想处于被关注的中心，从而把自己看作是一种用来展示的实验品，而他人则应该为自己的成败承担责任，因为他人才是决定和操纵的一方。这些孩子认为，别人理应为自己排除万难，而自己则不必承担任何责任。

04

对追求优越的引导

我们已经知道，每个孩子都会追求优越感，家长或教育者要做的就是把这种追求引向富有成效和有益的渠道，确保这种追求能给孩子带来精神健康和幸福，而不是精神疾病和心理障碍。

怎么才能做到这一点呢？区分有益和无益的优越感追求的依据是什么？答案是，要看它是否符合社会利益。我们很难想象任何成就、任何有价值的事物能与社会无关。想想那些高尚、崇高而充满价值的伟大事迹吧，我们会发现，这些行为不仅对行为人本身，而且对整个社会都极具价值。因此，教育孩子的时候，必须培养他们的社会情感，也就是说，要加强他们与社会紧密联系的意识。

那些不理解社会情感的孩子将会成为问题儿童，他们对优越感的追求没有被引向对社会有益的方向。

什么才是对社会有益的行为？人们的看法相差极大。不过，可以肯定的是，我们可以根据一棵树结出的果实来判断它是不是一棵好树。所有行为的结果都会显示它对社会是有益的还是无益的。这也意味着我们必须将时间和效果纳入考虑范围。最终，行为必须切合现实逻辑，这种切合的程度能表明行为与整个社会的需要和利益的关联程度。事物的普遍结构是对行为进行价值判断的标准。行为的结果与这种标准是矛盾还是一致，迟早会水落石出。幸运的是，在日常生活中，我们并不总是需要用复杂的判断技巧来评价某个行为的结果。至于社会运动、政治趋势等，我们无法清楚预见其影响，争议的余地也相当大。不过，无论是在民众生活还是在个体生活领域，这些影响最终都表明某些行为是否有用和真实。因为从科学的角度来看，我们很难将某种行为看作对所有人都有好处——除非它是绝对真理，是对人生问题的正确解决。而人生问题会受到地球、宇宙和人类相互关系的逻辑所制约。客观宇宙和人类宇宙的制约就像一道数学题，尽管我们未必能够解决它，但答案就隐藏在问题自身之中。我们只能根据问题本身来检验解决方案的正确性，遗憾的是，有时检验方案的机会来得太晚，以至于没有时间去改正错误。

不从逻辑和客观的角度看待生活结构的人，往往也看不到自己行为模式的连贯性和一致性。一旦问题出现，他们只会惊慌失措，无法着手解决。他们会认为自己走错了路，所以才会遇到问题，才会犯下错误。对于儿童来说，还应记住，如果他们偏离了对社会有益的道路，就无法从失败的经验中吸取教训，因为他们完全不理解问题的意义所在。因此，有必要教育儿童不要将自己的生活看作一系列不相关的事件，而应该视为一条连续的线索，贯穿始终。任何事件的发生都不可能脱离人的生命背景，理解每一件事都必须结合过往的所有事件进行思考。孩子只有明白了这一点，才能真正理解自己为什么会误入歧途。

进一步讨论追求优越感的正确和错误方向之间的区别前，最好先探讨一种似乎与我们的一般理论相矛盾的行为——懒惰。乍一看，懒惰似乎与“所有儿童天生都有追求优越的心理”的观点相矛盾。事实上，人们之所以责骂懒惰的孩子，就是因为他没有表现出追求优越和雄心壮志。但如果我们更仔细地审视懒惰儿童的处境，就会看到，普遍流行的看法是错误的，其实懒惰的孩子也具有一定的优势——他不为别人对自己的期望所累；即使做得很少，在一定程度上也会被人原谅；他无须奋斗，总表现出无所谓、懒散的态度。然而，这种懒惰却往往使他成为众人瞩目的焦点，最起码他的父母得保持关注。想想看，有多少孩子为了引人注意而不惜代价？这样我们就能明白，为什么这些孩子想通过懒惰来吸引别人的注意。

然而，这并不是对懒惰的心理解释的全部。许多孩子会用懒惰的态度来缓解自己的处境，因为可以将眼前的无能为力和缺乏成就归咎于懒惰。人们很少谴责这些孩子能力欠缺；相反，他们的家人通常会说：“他就是太懒了，不然的话什么都能干！”孩子们很喜欢这样的说法，相信只要自己不懒，就能够完成一切，对于缺乏自信的孩子来说，这是一种安慰剂。此外，不管是对孩子还是成年人，这种说法都是一种成就补偿。“如果他不懒惰，那么就能做到一切”——这种荒唐透顶的“如果……那么”句式能够安抚他们失败的感觉。一旦这些孩子真的取得了一些成就，再小的成功在他们眼中也会显得格外重要。由于他们过去一无所成，哪怕只是获得了些许成就，也会得到大力赞扬。而那些一直很努力的孩子，哪怕取得了更大的成就，也不会获得更多赞扬。

可以看到，懒惰背后往往隐藏着一种难以理解的手段和谋划。懒惰的孩子就像走钢丝的人，下面总是张着保护网，即便跌倒，受到的伤害也十分有限。人们对懒惰的孩子的批评总比对其他孩子温和得多，因此也不会强烈地挫伤他们的自尊。被批评懒惰，显然比被说无能带来的伤害要小一些。简而言之，懒惰是缺乏自信者的屏障，也阻碍了他们着手去解决眼前的问题。

考察一下如今的教育方法，会发现它们完全符合懒惰孩子的愿望。人们越是责骂懒惰的孩子，就越是满足了他的需求。有人总在为他操心，日复一日的责骂干涉，转移了人们对他的能力问题的注意力，而这正是他所希望的。惩罚也有同样的效果。老师经常认为惩罚可以改变懒惰的孩子，但却总是以失望告终。再严厉的惩罚也无法让懒惰的孩子变得勤快起来。

如果孩子真的发生了转变，那也只是由情况的变化带来的。例如，这个孩子获得了意想不到的某个成功，或者，严格的老师换成了温和的老师，新来的老师能够理解他，认真地和他交谈，给了他新的勇气，而不是削弱他所剩无几的自信。在这种情况下，懒惰的孩子有可能突然变得勤快起来。有些孩子在入学的头几年表现落后，换了一所新学校后却表现得异常勤奋和努力，这就是因为环境的改变。

有些孩子没有采用懒惰的办法，而是通过装病来逃避学业功课；还有些孩子则在考试时表现得异常紧张，因为他们觉得过度紧张能得到某些照顾。同样的心理倾向也表现在爱哭的孩子身上：哭泣和紧张都是他们获取特权的途径。

还有一些由于某些缺陷而需要特别照顾的孩子也属于上述的心理类型，比如口吃。常与儿童打交道的人会发现，几乎所有的孩子在开始说话时都会表现出轻微的口吃倾向。众所周知，语言的发展受到许多因素影响，其中最主要的因素是儿童社会情感的发展程度。比起那些社会意识较弱、回避与人交往的孩子，社会意识较强、乐于接触他人的孩子的语言能力发展得更快，也更容易。我们知道，在某些情况下，言语其实是种多余的活动。例如，一个受到过度保护和溺爱的孩子，往往根本不需要说出自己的愿望，家人就已经猜到并实现了他们的要求（就像对待聋哑儿童那样）。

如果一个四五岁的孩子还不会说话，家长一定会担心他患有聋哑病。不过，他们很快就会发现，孩子的听力完全没有问题，这当然排除了聋哑的可能性。另一方面，人们注意到他们确实生活在不需要语言的环境中，如果我们把一切都“放在银盘上”送给孩子，他就根本没有说话的冲动，当然无法很快学会说话。言语是孩子争取优越感和发展方向的标志。他必须通过言语来表达自己对优越感的追求，不管这种表达是为了取悦家人，还是用来满足自己的日常需要。如果这两种方式都不可能出现，我们自然可以预料到这个孩子的语言发展会遇到困难。

还有其他类型的语言障碍，比如有些孩子无法正确发出 r、k 和 s 等辅音。这些语言障碍都是可以矫正的，因此，值得思考的是，为什么还有那么多成年人口吃、大舌头或口齿不清？

随着年龄增长，大部分孩子的口吃问题都会自然消失，只有一小部分儿童需要接受治疗。治疗过程中所涉及的问题，我们可以用一个 13 岁男孩的案例说明。这个男孩在 6 岁时开始接受治疗，治疗持续了一年，并不成功。在接下来的一年里，这个男孩没有接受专业治疗。下一年，他换了一个医生继续治疗，仍然没有效果。第四年，他没有接受治疗。第五年的前两个月，又换了一位医生进行治疗，这次情况不但没有好转，反而恶化了。一段时间后，他被送到一个专门研究语言缺陷的研究所。在这个机构治疗了两个月后，他的病情有所好转，但半年后又复发了。

接下来的八个月里，又一位语言专科医生接手了这个男孩，这次病情没有任何改善，反而逐渐恶化。后来又有一位医生试了一次，仍然没有效果。第二年夏天，他的情况有所好转，但假期结束后，病情再次复发了。

治疗的主要方法是让男孩大声朗读、慢慢说话、反复练习等等。值得注意的是，有些形式的兴奋会让口吃暂时有所改善，但很快又会复发。这个男孩没有器官缺陷，尽管他小时候曾经从二楼摔下来，导致脑震荡。

教过这个男孩的老师形容他“有教养、勤奋，容易脸红，性格有点急躁”。这位老师说，男孩的法语和地理是最差的科目。考试时他特别紧张。男孩特别喜欢体操和体育运动，也喜欢手工活动。这个男孩完全没有领导者的特质，但和同学相处得很好，偶尔也会和弟弟吵架。他是个左撇子，12 岁的时候，右脸曾发作面瘫。

谈到这个男孩的家庭环境，他的父亲是个商人，脾气暴躁，经常在儿子口吃时严厉地责骂他。尽管如此，这个男孩还是更害怕他的母亲。他家里请了个家庭教师，因此很少有自由时间，男孩为此相当苦闷。此外，他还认为母亲偏心，更喜欢自己的弟弟。

基于这些事实，可以给出以下解释：男孩容易脸红，说明他一旦必须与人交往，紧张感就会增加。脸红和他的口吃习惯密切相关。即使是他喜欢的老师也不能成功地治好他的口吃，因为这种习惯已经机械化地进入他的神经系统，表达了他对他人普遍性的排斥。

正如我们所知，口吃的根源不在于外部环境，而在于个体感知环境的方式。男孩的急躁易怒在心理学上意义重大。口吃并不说明他消极被动。他对被人认可和优越感的追求就表现在急躁易怒之中，就像其他有缺陷的人一样。另一个证明他失去信心的证据是他只会和弟弟吵架。他在考试前的兴奋显示了内心紧张的增加，因为他害怕自己无法成功，也担心自己不如别人能干。他有一种强烈的自卑感，这种自卑感把他对优越感的追求引向了毫无益处的方向。

这个男孩倒是愿意上学，因为家里的状况还不如学校。在家里，他的弟弟占据了舞台的中心。他口吃的原因不可能来自身体上的创伤或惊吓，但这些问题对他的勇气丧失确实可能起到了推波助澜的作用。他的弟弟对他的影响更大，因为弟弟的出生将他推到了家庭的边缘。

同样重要的是，这名男孩在8岁之前一直患有遗尿症（尿床），这种问题通常出现在那些最初备受宠爱和娇惯、后来又因弟弟、妹妹出生而被“废黜”的孩子身上。尿床无疑表明，即使在晚上睡着的状态，他也在试图争取母亲的关注。这是一个信号，表明男孩不能接受被冷落的境遇。

这个男孩的口吃是可以治愈的，只要我们鼓励、教育他学会独立。可以让他做一些力所能及的任务，从中树立自信。这个男孩承认，弟弟的出生令他很不开心。但我们必须让他明白，嫉妒心导致他走上了错误的道路。

关于伴随口吃的症状，还有很多有待说明。我们想知道，口吃者激动的时候会怎么样？很多口吃的人在生气骂人的时候能说得很流利。此外，年长一些的口吃者在背诵或恋爱时，通常也不会结巴。这些事实表明，口吃的决定性因素在于口吃者与他人的关系。也就是说，当口吃的孩子必须与他人接触、建立关系，或必须借助语言表达时，决定性的时刻就来了，他的紧张感会大大增加。

如果一个孩子在学说话的过程中没遇到任何困难，那就不会有人对他的进步加以特别关注；但是当一个孩子表现出问题时，家人就会密切关注它，口吃者就此占据了注意力的中心。全家人都会特别操心这个孩子，结果当然也会引起他太过关注自己的说话问题。他会有意识地控制自己的表达，正常说话的孩子不会这样去做。我们知道，有意识地控制应该自动运行的功能，反而可能引起这一功能的紊乱。梅林克

(Meyrink) 在童话《癞蛤蟆的飞翔》中举了一个很好的例子。癞蛤蟆遇到一只有 1000 条腿的动物，非常羡慕对方，于是问道："你能告诉我吗？你走路的时候先迈哪一条腿，然后再按什么顺序挪动剩下的 999 条呢？"千足动物开始认真思考，仔细观察自己的腿的运动方式，在它有意识地控制自己时，反而被弄糊涂了，乃至根本无法动弹。

尽管有意识地控制我们的生活过程非常重要，不过，如果试图控制自己的每个动作，就会产生危害。只有放任身体自然挥洒，我们才能创造出艺术。

尽管口吃对孩子的未来发展有着灾难性的影响，尽管在孩子成长的过程中，口吃带来了明显的不利因素（家人对他的同情和过度关注），仍有许多人宁愿遮掩、逃避，寻找借口，也不愿意努力寻求改善。父母和孩子都有这种情况，因为他们对未来都毫无信心。尤其是口吃的孩子，往往特别满足于依赖别人，并通过表面上的劣势来保持自己的优势。

巴尔扎克的一个故事说明了明显的劣势时常能转化为优势。故事里的两个商人要做一笔交易，都想尽量占对方的便宜。在讨价还价的时候，其中一个商人开始口吃，说话结结巴巴。另一个商人惊奇地发现，对方通过口吃赢得了足够的时间来思考，深思熟虑之后才提出意见。他马上找到了对策，他假装自己突然什么也听不见了。这样一来，口吃者又处于不利位置了，因为他必须努力让对方听到。这样一来，平等得以重新确立。

我们不应该像对待罪犯那样去对待口吃者，即使他们有时会利用这种习惯来争取时间，或故意让别人等他们把话说完。我们还是应该鼓励口吃的孩子，温和、友好地对待他们。只有通过友善的启发，增强他们的勇气，口吃才可能被彻底治愈。

05

自卑情结

在每一个人身上，对优越感的追求与自卑感都是相匹配的。我们之所以努力，是因为我们感到自卑，需要通过追求成功而克服自卑感。然而，除非自卑感阻碍了对成功的追求，或者因器官缺陷而产生的心理反应加剧到令人难以承受的程度，它才会成为心理问题，形成自卑情结。自卑情结是一种非正常的自卑感，它会促使人去寻求能轻易获得的补偿和似是而非的满足；同时，又会夸大困难、减少勇气，从而为成功之路带来阻碍。

要说明这个问题，我们可以再次回顾那个 13 岁男孩口吃的案例。如我们所见，他的灰心丧气是造成持续口吃的一部分原因，口吃又反过来增强了灰心丧气的程度。也就是说，这是一个神经性自卑情结的恶性循环。这个男孩想隐藏自己，已经放弃了希望，甚至有了自杀的念头。口吃成了他生活方式的一种表达和延续，给周围的人留下了深刻的印象，使他处于关注的焦点，从而减轻了他的心理不适。

这个男孩的人生目标过于高远，他想要成为举世闻名的人物。因此，他将永远为声望而奋斗，必须表现出良好的性格，擅长人际交往，工作井然有序。除此之外，为了防备万一的失败，他认为自己需要准备一个借口，那就是口吃。这个案例之所以意义重大，就是因为他的大部分人生都朝着对自己和社会有益的方向，只是在这一个阶段，他的判断力和勇气有所退化。

当然，欠缺勇气的孩子手中握有众多武器，口吃只是其中一种。当孩子们不相信自己的能力能让自己成功的时候，就会开始运用这些武器。它们就像大自然赐予动物自保的武器——利爪和尖角。很容易发现，这些武器根源于孩子的弱点与绝望。他们认为，如果没有这些本不属于自己的东西，就无法应付生活的挑战。值得注意的是，这些武器的种类数不胜数。有些孩子唯一的武器就是大小便失禁，这说明他们不愿离开婴儿期，不想告别这种毫不费力、无忧无虑的生活状态。这类孩子通常没有肠道或膀胱的器质性疾病，他们只是把随意大小便当作一种伎俩，用以唤醒家长或教师的同情——尽管有时也会引起同侪的嘲笑。这种表现不应被视为疾病，只是自卑情结的流露，或是追求优越感的危险表现。

我们可以想象男孩口吃的发展过程，起因可能只是一个非常小的生理事件。很长一段时间，小男孩都是家里的独生子，母亲一直陪伴左右，给予大量关怀。慢慢长大的过程中，他可能觉察到自己没有得到家人足够的关注，表现机会也逐渐减少，因此，他发现了这种新的招数，用来吸引家人注意。口吃有着重要的意义：他注意到，因为口吃，和他说话的人会认真看着他的嘴形。通过口吃，他可以争取到一些原本会花在弟弟身上的时间和精力。

在学校的情况也与之类似。他找到了一位愿意投入大量时间在他身上的老师。因此，由于口吃，他在家里和学校都积累了一定的“优势”。和许多好学生一样，他也得到了自己渴望的声望和关注。毫无疑问，他是个好学生，但却没有付出其他好学生那样的努力。

另外，虽然口吃让老师对他分外宽容，但这似乎不是一个值得推荐的方法。一旦这个男孩没有获得想要的充分注意，受到的伤害会比其他孩子大得多。随着弟弟的降生，男孩对注意的需求就成了一种痛苦的来源。与一般的孩子不同，他始终没能将自己的兴趣转移到其他人身上。在他心中，母亲一直是家里最重要的人物，没有人能与她相提并论。

治疗这样的孩子，首先要鼓励他们，让他们相信自己的力量与能力。此外，还要与这些孩子建立友好关系，这意味着保持同理心，而不是用严厉的手段来吓唬他们。此外，我们还得利用这种友好关系，鼓励孩子不断前进。要做到这一点，只能先让他们提高独立程度，通过各种手段使他们获得信心，不管是对自己的精神力量还是身体力量。他们必须真的相信，只要拥有勤奋、毅力、实践和勇气，尚未完成的梦想终将成真。

在教育孩子的过程中，最严重的错误莫过于家长或教师对误入歧途的孩子下糟糕的定论。这种愚蠢的预言只会让孩子变得更懦弱，将情况变得更糟。相反，我们应该做的是以乐观的态度激励孩子。正如古罗马诗人维吉尔 (Virgil) 所说，“他们能做到，是因为他们坚信自己能做到”。

即使有时我们会发现，孩子会因为害怕被嘲笑而有所改变，也千万别以为羞辱能真正改善他的行为。嘲笑带来的刺激非常危险，以下案例正是例证。一个男孩由于不会游泳而经常被朋友嘲笑。最后他再也受不了了，从跳板直接跳入了深水之中，好不容易才被人救了起来。哪怕是胆小怯懦的人，面临着失去尊严的风险时，也可能从心中升起某种想要击溃怯懦的念头，从而做出并不合宜的行为。正如我们从上述案例中看到的那样，这种方式往往懦弱而无效，无法真正克服内心的困境。他真正的怯懦在于不敢承认自己不会游泳，因为这可能会失去朋友。他绝望地跳入水中，并没有治好这种怯懦，反而进一步加强了他不敢面对事实的懦弱倾向。

作为一种性格特征，怯懦会对人际关系产生破坏。一个忧心忡忡的怯懦孩子无暇顾及他人，为了获得尊严，甚至愿意牺牲自己的同伴。怯懦会带来自私而好斗的态度，这种态度破坏了社会情感，却无法消解对他人意见的恐惧。懦夫总是害怕被人嘲笑、被人忽视、被人贬低，因此总会被他人意见左右，就像生活在敌营中一样，形成多疑、好妒而自私的性格特征。

怯懦的孩子往往会成为挑剔、唠叨的人，不愿意表扬别人，如果别人受到表扬，他们会感到愤慨。因此，如果一个人不追求自己的成就，而是通过贬低别人去超越别人，那就是软弱的表现。一旦发现孩子对别人存在敌意，教育者就应该设法将他们从这种状态中解放出来。如果教育者没有发现这种苗头，当然可以原谅，但这样一来，他就无法矫正因敌意而滋生的不良性格特征了。如果我们知道问题在于要让儿童与世界、与生活和解，如果我们认识到问题在于要指出他们的错误在于期望不费吹灰之力就能赢得别人的尊重，那么，我们也知道应该朝着什么方向来教育孩子。我们知道，我们必须加强孩子之间应有的友好感情，教导他们不要因为别人的成绩不好或做错了什么而看不起别人。否则，孩子就容易出现一种自卑感，丧失生活的勇气。

如果一个孩子被剥夺了对未来的信心，就会从现实中退缩，在生活中无益的方面追求某种补偿。教育者最重要的任务，或者可以说是最神圣的职责，就是确保在学校里没有一个孩子会丧失勇气，而且让那些刚入学就已气馁的学生通过教育重新找回信心。这是教育者的天职，因为只有当儿童对未来满怀希望和喜悦的时候，教育才有可能成功。

有一种挫折感只是暂时的。尤其是在雄心过大的儿童身上，往往都会出现暂时灰心丧气的情形。尽管他们取得了进步，甚至已经通过了最后一次考试，也可能因为要选择职业而沮丧。同时，如果一些雄心勃勃的孩子在考试中没能获得第一名，也会在一段时间内放弃努力和奋斗。于是，酝酿已久的冲突突然爆发了。他们可能会完全不知所措，或焦虑不安。如果不及时遏制这些孩子的气馁情绪，他们就会持续喜新厌旧、有始无终；长大之后，他们会频繁地换工作，因为不相信自己有能力善始善终，总是害怕失败。

因此，孩子的自我评价非常重要。然而，如果只是直接询问，我们无法了解儿童对自己的真实评价。无论问题设置得多么巧妙，都会得到模糊不清的答案。有些孩子会说他们相当认可自己，也有些孩子会说自己一文不值。如果我们对后者进行调查，往往会发现他们身边的大人曾对他们重复过千百遍，“你根本一文不值！”或者“你真蠢！”之类的话。

面对如此难听的斥责，很少有孩子不会深深受伤。然而，也有一些孩子通过贬低自己的能力来保护自己。

既然询问无法真正了解儿童的自我评价，我们就只能观察他们面对问题、处理问题的方式方法了，例如，他们应对问题是否自信果断？是否表现出犹豫不决、缺乏信心的迹象？这可以通过一个孩子的例子来说明，他刚开始面对问题时总会勇气十足，但越接近任务就越缩手缩脚，甚至蹒跚不前，最后停在离问题核心还有一段距离的地方。这样的孩子有时会被描述为懒惰或心不在焉。这两种描述虽然不同，本质却是一样的。这类孩子不像我们期望的正常人那样处理问题，而是将全部精力集中于遭遇到的困难和障碍。有时，他们会愚弄大人，让后者错误地认为他们缺乏能力。如果我们真正了解了事情的全貌，并用个体心理学的原理来加以阐明，就会发现这些儿童的问题其实是缺乏自信和勇气，而不是缺乏能力。

讨论这些错误的追求优越的方式时，我们必须记住，一个完全以自我为中心的个体是社会生活中的异常现象。我们经常看到，过度追求优越感的儿童完全不会考虑他人。他们心存恶念，反社会，贪婪无度，自私自利。如果他们发现了一个秘密，就会拿它当武器，用来伤害别人。

即使是在那些品行最应受谴责的孩子身上，我们也总能发现一种明显的人性特质：在某时某地，他们会感到对人群的归属感。这些孩子的生活规划越是远离人际合作，我们就越难找到他们的社会情感状况，然而，自我与世界的关系总是存在的，只不过会表现为某种隐匿的形式。我们应该找出揭露隐藏的自卑感的表达方式。这些表达方式有无数种，例如孩子的眼神。眼睛不是仅仅接受和传递光线的器官，还有助于社交和相互理解。一个人看另一个人的方式就透露了他们相互联结的倾向和程度。因此，全世界的心理学家和作家都很强调人的眼神。每个人都能根据别人看自己的方式来判断对方对自己的看法，也可以从别人的眼神中看到他灵魂的一部分。即使有可能犯错或误解，但大部分情况下，我们能从孩子的眼神看出他是否友善。

众所周知，不敢直视大人的孩子会引人怀疑，这并不意味着他们品行糟糕，也不是说他们一定存在不良性习惯。眼神回避可能只是因为他们不愿与别人发生紧密联系（哪怕只是短暂的联系），想从同伴社会中退出。如果你召唤一个孩子，他会离你多近也是一种信号。许多孩子会保持着一定的距离，想要先确定一下情况如何，在必要的时候再靠近你。这或许是因为他们有过一些不好的经历，将这种片面的认识普遍化，从而对亲密接触心存怀疑。同样有趣的是，我们会发现有些孩子喜欢靠在母亲或老师的身上。孩子愿意亲近的人比他嘴上说最爱的人重要得多。

有的孩子走路十分挺拔，昂首挺胸，同时声音坚定，无所畏惧，流露出明显的自信和勇气；有的孩子在谈话的时候畏缩不前，显现出了自卑感和应付不来处境的胆怯。

探讨自卑情结时，我们发现，许多人认为它是天生的。其实，一个孩子无论有多勇敢，都会感到害怕怯懦，这就反驳了上述认为自卑来自天生的观点。父母胆小怯懦，孩子也很可能胆小怯懦，但这不是因为遗传，而是因为他是在充满恐惧的气氛中长大的。家庭环境和父母的性格特点对孩子的成长极为重要，在学校不合群的孩子往往来自与他人来往很少或根本没有来往的家庭。在这种情况下，人们往往会首先考虑到遗传，但这种观点其实无法成立，因为与人交往的能力并非由器官或大脑的物质变化造成。当然，这方面的变化虽然不是必然产生这种性格特征，却有助于对它的理解。

可以用一个简单的案例帮我们从理论上理解这种情况。一个孩子具有先天性的器官缺陷，已经病了一段时间，持续忍受着病痛和虚弱的折磨。这样的孩子往往沉溺于自我世界，认为外部世界十分冷酷而充满敌意。在这种情况下，起作用的是第二个有害因素。弱小的孩子必须找到一个值得依赖的人，依靠别人全身心的付出和照顾。反过来，正因为别人全方位的照顾和保护，才使孩子产生了强烈的自卑感。由于儿童和成年人在体型和力量上的差异，所有孩子都存在一种相对的自卑感。如果一个孩子总被告知“大人讲话小孩别插嘴”（这种情况时常发生），这种“自愧不如”的感觉很容易加剧。

所有这些印象都促使孩子认为自己处于弱势地位。他发现自己比别人（成年人）身材弱小、力量微弱，当然感觉很不平衡。他越是认为自己弱小，就越会感到伤痛，从而努力追求比别人更强。他对别人承认的争取又多了一份额外的动力。但他不会因此努力与周围的人和谐相处，而是设定了新的处世原则，“只考虑自己”。不合群的孩子往往正是如此。

可以肯定的是，大多数弱小、残疾、丑陋的孩子都有强烈的自卑感，这种自卑感通常表现为两种极端的行为方式。他们说话时，要么畏畏缩缩，要么咄咄逼人。这两种行为似乎完全不同，但可能是由同一个原因造成的。他们可能说得太少，也可能说得太多，但都是为了追求别人的承认而背叛了自己。他们的社会情感很弱，这可能是因为他们对生活不抱希望，认为自己无法为社会做任何贡献；也可能是因为他们仅将社会情感用于服务于个人目标——他们想成为领导者和英雄，永远处在舞台中心。

如果一个孩子多年来一直沿着错误的方向成长，那么，不可能指望一次谈话就能改变他习惯的模式。教育者必须有耐心。如果孩子在改善的路上偶有反复，请告诉他们，进步绝非一蹴而就的。这会让孩子感到安心，不至于过分气馁。如果一个孩子两年来数学都很差，那就不可能在两周内突飞猛进，但长期来看，一定是能够补上去的。一个正常的、富有勇气的孩子，能够弥补任何不足。我们一次又一次看到，儿童的能力欠缺是因为他的整体人格走上了错误的发展方向，偏离了常态，陷入了困境。只要没有智力缺陷，这些有行为问题的儿童一定是可以改善的。

儿童的某些能力欠缺或看起来愚蠢、笨拙、冷漠，都不足以证明智力缺陷。弱智儿童的大脑发育往往存在生理上的缺陷，这种缺陷可能是由影响大脑发育的腺体问题引起的。有时，这种生理缺陷会随着时间的推移消失，但仍会在心理上留下痕迹。也就是说，曾因生理缺陷而虚弱的孩子，即使在身体变得强壮之后，也可能继续表现出虚弱的模样。

还可以更深入一步，心理上的自卑感和自我中心不仅可以追溯到生理缺陷，也可能是由与生理完全无关的环境带来的。例如，家长养育方式有问题，对孩子缺乏关爱或管教太严。在这种情况下，孩子会认为，生活充斥着痛苦，从而对周围环境采取一种敌对的态度。由环境产生的和因生理引起的心理缺陷即使并非完全一样，也有相似之处。

可以预料，在没有爱的环境中长大的孩子，疗愈起来相当困难。他们会将我们看成曾伤害过自己的人；促使他们上学的任何努力都会让他们感到压抑，被人束缚，只要力所能及，他们就会反抗。他们对同伴也欠缺正确、恰当的态度，因为他们嫉妒那些童年快乐的孩子。

受过伤害的孩子往往会发展成喜欢破坏、毒害他人生命的人，他们没有足够的勇气去应付环境，所以便试图通过压迫弱者来弥补自己的无力感，或是通过表面上的友好而获取优越感。然而，只有当别人接受他们的控制时，这种友好态度才可能持续下去。许多孩子甚至到了这样的地步：要么只愿意和那些处境比自己更糟的人交朋友（就像有些成年人特别喜欢与不幸者交往一样）；要么只喜欢和比自己更小、更弱的孩子交朋友。这种类型的男孩有时更偏爱特别温柔、顺从的女孩，这种偏好与性无关。

06

儿童的成长：防止自卑情结

如果一个孩子花了很长的时间去学习走路，学会之后就能正常地走路，那么，就不至于在未来的生活中产生自卑感。不过，一个心智发育本来很正常的孩子总会受到行动不便的强烈影响，认为自己的处境不幸，甚至可能从中得出悲观的结论，进而影响他未来的行动，即使随着时间流逝，他最初的生理缺陷早已消失。许多曾经患过佝偻病的孩子，虽然治愈了，却仍留下了疾病的痕迹：罗圈腿、笨拙、支气管炎、头部畸形（方颅）、脊柱弯曲、脚踝肿大、关节无力、体态不良等等。即使疾病已经痊愈，这些孩子在患病期间形成的挫败感和由此而生的悲观态度仍然保留了下来。看着活动自如的同伴，这些孩子会感到一种压抑的自卑感。他们低估自己，要么完全失去信心，几乎不付出任何努力；要么不顾生理上的缺陷，近乎绝望地追赶那些比自己幸运的玩伴。显然，孩子们没有足够的能力来正确判断自己的处境。

一个重要的事实是，决定孩子成长的既不是他自己的内在能力，也不是客观环境，而是他对外部现实及自己与外部现实的关系的看法。孩子与生俱来的潜力并不是最重要的，成年人对孩子处境的判断和评价也不重要。重要的是，我们要用孩子的视角来看他的处境，用他的错误判断来理解他。我们不要期待孩子的行为完全合乎逻辑，也就是说，不要期望他们会按照成年人的心智来行动，而必须认识到，儿童在理解自己的处境时会犯错误。我们必须记住，如果孩子不会犯错，那就没必要教育他们了。反过来，如果孩子犯的错误是天生注定而无可挽回的，那教育和提高就成了不可能完成的任务。因此，如果你相信儿童性格是先天形成的，那就不能也不应该从事教育工作。

健康的灵魂并非永远寓居于健康的身体之中。如果一个有生理缺陷的孩子能够勇敢地面对生活，我们完全有可能在有缺陷的身体里发现他健康的灵魂。另外，如果一个孩子身体健康，但遭遇了一系列不利的处境后，对自己的能力产生了错误的理解，他就无法拥有健康的心理。任何一项挫折都可能促使他相信自己无能。这是因为这些孩子对困难特别敏感，容易把任何障碍都看作自己缺乏力量的证明。

有些孩子除了存在运动障碍，还有语言障碍。儿童学说话和学走路通常同时进行。这两者当然没有实际联系，但都取决于儿童的教育和家庭环境。有些孩子本来没有语言障碍，但由于家庭忽视了对他们的帮助，导致了语言障碍的出现。毫无疑问，那些既不耳聋、发音器官也没有缺陷的孩子，到一定年龄自然就能学会说话。然而，在某些情况下，特别是如果这个孩子的视觉特别发达，学说话可能会延迟。另外，如果父母过分宠孩子，在他开口之前就为他做到一切，孩子没有表达的需求，也会需要很长时间才能学会说话，甚至可能被人认为是聋子。这种孩子一旦学会说话，就会强烈地爱上表达，很可能成为演说家。作曲家罗伯特 · 舒曼 (Robert Schumann) 的妻子克拉拉 · 舒曼 (Clara Schumann)4 岁才学会说话，直到 8 岁也只能说少量句子。她是个很特别的孩子，很矜持内向，喜欢在厨房消磨时光。由此我们可以推断，没有人关注她。“很奇怪，”她父亲说，“这种明显的精神上的不协调，却是她那极为和谐的一生的开始。”克拉拉 · 舒曼的情况就是一种过度补偿的例子。

必须注意的是，聋哑儿童应该接受特殊教育，因为事实日益证明，完全耳聋的现象很少发生。不管儿童的听力有多差，都应该得到最大限度的治疗和培养。罗斯托克 (Rostock) 的卡茨教授 (Katz) 证明，他能够培养被视为缺乏音乐听觉的孩子，让他们学会充分欣赏音乐和声音之美。

有些孩子在大部分科目上都很优秀，偏偏有某一科（通常是数学）特别差，甚至会令人怀疑他们在这方面存在智力缺陷。算术不好的孩子很可能曾经被某个问题吓住了，从此灰心丧气，不愿在这一方面下功夫。有些家庭（特别是某些艺术家庭）会以不懂算术为荣。此外，还有这样一种普遍的错误观念，即认为女孩学数学比男孩困难。我们会发现，女性中也有许多优秀的数学家和统计学家。如果人们总告诉女生，“你们不如男生擅长数学”，她们当然会感到气馁，对算术和数学失去信心。

是否会运用数字符号是孩子的成长发展过程中一大重要指标。数学是少数能给人安全感的学科之一，它能用数字将这个纷繁复杂的世界稳定下来。强烈缺乏安全感的人通常都不擅长计算。

其他学科也是如此。写作通过将只有内在意识知道的声音话语固定在纸上，从而给写作者带来了安全感。绘画则是用线条和色彩将短暂的光学印象固定下来。体操和舞蹈则通过对身体的控制，表达了一定的身体安全感，也或多或少给心理带来了一些安全感，或许这就是这么多教育工作者支持体育运动的原因吧。

儿童自卑感的一个突出表现就是难以学习游泳。如果一个儿童能够轻松学会游泳，那么，这也是他能够克服其他困难的好兆头。难以学会游泳的儿童往往对自己和游泳教练都缺乏信心。值得注意的是，许多孩子刚学的时候感到很困难，后来却成了优秀的游泳选手，这可能是因为他们对最初的困难十分敏感，但一旦学会了游泳，便会受到未来的成功目标激励，从而成为游泳健将。

重要的是，我们要知道儿童是特别喜欢一个人还是对几个人感兴趣。通常而言，孩子与母亲的依恋关系最亲密，如果母子关系不够亲密，他就会转而依恋家庭中的另一个成员。每个孩子都具有建立依恋关系的能力，除非他是个低能或白痴。如果孩子由母亲抚养长大，却特别依恋另一个家庭成员时，就很有必要找出其中的原因了。显然，孩子不应该把所有的爱和注意力都集中在母亲身上，因为母亲最重要的任务是把儿童的兴趣和信心扩展到同伴身上。祖父母在儿童的成长过程中也扮演着重要的角色，往往负责娇惯孩子。这是因为老人时常害怕自己不再有用，从而产生了过度的自卑感，结果要么唠唠叨叨批评个没完，要么特别心软有求必应。为了让孩子们觉得自己重要，老人往往从不拒绝他们的要求。孩子们在祖父母家住的时候被宠得太厉害了，甚至会拒绝回到纪律严明的家里。回家之后，他们会抱怨家里不如爷爷奶奶家好玩。我们在这里提到祖父母在儿童生活中扮演的角色，是为了提醒教育者，在调查某个孩子的生活方式时，不应忽视这一重要事实。

儿童因佝偻病引起的动作笨拙（参见附录 1 个体心理问卷的第 3 题）长时间没有得到改善，通常是因为他受到太多照顾而被宠坏。母亲们应该有足够的智慧，把握好关爱的尺度，即使孩子生病需要特别照顾，也不要扼杀孩子的独立性。

另一个重要的问题是孩子是否制造了太多麻烦（个体心理问卷第3题）。如果一个孩子整天惹麻烦，我们就可以肯定，母亲对孩子的依恋太深了，没有培养孩子的独立性。孩子制造的麻烦通常表现在睡觉、起床、吃饭或洗澡的时候，有时也会表现为做噩梦或尿床。所有这些表现都是为了引起某个人的注意，这就像是孩子发现的一件又一件武器，用以控制成年人。如果孩子出现了这样的问题，我们可以肯定地说，他周围的环境有问题。在这种情况下，惩罚是没有用的。与此同时，这些孩子还常常故意刺激父母来惩罚自己，通过这种方式告诉父母，惩罚是没有用的。

儿童的智力发展也是一个极为重要的问题，目前，要准确回答这个问题仍有很大难度。人们有时会用比奈量表 (Binet test) 测试智力，但这种测试的结果不够可靠。其他所有智力测试也是如此，我们不应误认为儿童的智力毕生恒定不变。一般来说，儿童智力的发展在很大程度上取决于家庭环境。环境较好的家庭能够给孩子提供帮助，而身体发育良好的儿童往往心理发育得也比较好。不幸的是，那些心理发育较为顺利的儿童往往会被预先安排去做“体面的工作”；而成长比较缓慢的人则会被分配到体力劳动中去。据我们观察，有些国家新推出了为学习较差儿童开设特殊班的制度，而这些学生大部分来自贫困家庭。我们可以得出结论，毫无疑问，如果这些贫困儿童有幸生长在更好的环境中，他们也能与出生在物质条件较好家庭的孩子竞争。

另一个需要调查的重要问题是，这个孩子是否曾被嘲笑、被戏弄，并因此灰心丧气。有些孩子可以忍受这样的嘲笑和戏弄；另一些孩子则会因此失去勇气，回避困难，将注意力转向外在的表面形象，这也说明他们对自己没有信心。如果一个孩子经常和别人吵架，总担心如果自己不先动手就会遭到别人攻击，这就说明他们认为周围环境充满敌意。这样的孩子不会听话，认为服从是一种屈辱的表现。他们认为，礼貌地回应别人是一种堕落，因此总是表现得傲慢无礼；他们从不抱怨，因为觉得别人的同情就是对自己的羞辱；他们从不在别人面前哭泣，甚至会在应该哭的时候大笑，让人觉得他们缺乏感情，但其实只是害怕表现软弱的一种表现。事实上，没有哪种残忍的行为不是建立在软弱的基础之上的。真正强大的人没有兴趣去残忍。这种不听话的孩子经常脏兮兮的，不修边幅，喜欢咬指甲、挖鼻孔，非常固执。然而，他们其实需要鼓励，也必须明白，这样的行为恰恰体现出了他们害怕表现的那一面，比如说软弱。

第 4 个问题是，孩子是否容易交到朋友？是领导者还是追随者？这个问题与孩子的人际交往能力有关，也就是说，与他的社会情感发展程度或灰心丧气程度有关，也与他服从或统治的欲望有关。如果一个孩子选择孤立自己，就表示他对与人竞争没有足够的信心，同时极为强烈地追求优越感，从而害怕自己在人群中只能处于从属地位。有收集物品倾向的孩子往往想提高自己、超越他人。这种倾向有些危险，因为它很容易过度发展，导致过分的野心或贪婪，这又会表现出一种内在的软弱感，需要寻求外界的支撑。一旦这类孩子认为自己受到忽视，很可能采取盗窃行为，因为他们对于被关注的需求比其他人更为强烈。

第 5 个问题涉及孩子对学校的态度。我们应该注意他是否时常迟到，是否提到上学就情绪激动（这种激动往往是不愿上学的表现）。孩子对学校的恐惧有很多种表现形式。有作业要做的时候，他们会变得易怒、紧张，还会引起心悸。有些儿童还会表现出器官的变化，如性兴奋。给孩子打分的制度并不总是值得称赞。如果不按分数给孩子分类，他们就能减轻很大负担。学校没完没了的考试促使学生必须尽力去争取好的分数，因为成绩差就像是一封终身判决书。

孩子是自愿做作业，还是被迫做作业？如果孩子时常忘记做家庭作业，说明他有逃避责任的倾向。不好好做作业、表现出不耐烦，都是孩子逃避学习的手段，因为他们更想去做别的事情。

这孩子懒吗？如果一个孩子在学业上失败了，他宁愿被人视为懒惰，也不愿意被看作无能。如果一个懒惰的孩子很好地完成了一项任务，就会受到表扬，他会听到“要不是懒，他什么都能做好”。孩子很满意这个观点，这让他觉得不必再费心证明自己的能力。那些缺乏勇气、无法集中精力、过度依赖他人、娇生惯养、故意扰乱课堂引起别人关注的孩子，也都属于这种类型。

孩子对老师的态度如何？这个问题不太容易回答。孩子们通常会掩饰自己对老师的真实感情。如果一个孩子总在批评、贬损同学，我们可以认为，这种贬低他人的倾向是因为他对自己缺乏信心。这样的孩子盛气凌人、吹毛求疵，总觉得自己比别人懂得更多。这种态度其实是为了掩盖内心的虚弱。

更难对付的是那些冷漠、不在乎而被动的孩子。他们总戴着假面具，其实并非真的那么冷漠。这种孩子一旦失去自我控制，往往会暴跳如雷甚至企图自杀。他们只做那些被命令、被要求做的事情。他们害怕挫折，总是高估他人，所以必须多加鼓励。

那些在体育运动方面表现出雄心壮志的孩子，其实也想在其他领域大展拳脚，只不过害怕失败罢了。阅读量远远超过平均值的孩子，往往缺乏勇气，希望通过阅读来增加力量。这样的孩子想象力非常丰富，面对现实却胆怯不已。同样重要的是，要观察孩子偏爱什么样的书籍，比如说是小说、童话、传记、旅行还是客观的科学作品。青春期的孩子很容易被色情书籍所吸引，不幸的是，每个大城市都能买到这种作品。强烈的性欲和对性经验的渴望会让孩子们的思想转向这个方向。为了平衡这种有害的影响，应采取以下手段：让孩子为好同伴的角色做好准备，做好早期性启蒙，与父母建立友好关系。

第 6 个问题涉及家族病史，如家庭成员是否酗酒，是否患有神经症、肺结核、梅毒、癫痫等疾病。全面了解儿童的生理病史也很重要。孩子如果经常用嘴呼吸，看起来会比较傻，这是由鼻息肉和扁桃体肥大影响了正常呼吸而引起的。在这种情况下，有必要做个切除手术，有些时候，手术有助于孩子获得应对学业问题的勇气。

家族病史也时常阻碍孩子的成长。长期患病的父母会给孩子造成沉重的负担。神经和精神疾病则会给整个家庭造成压抑的气氛。如果有可能，请尽量别让孩子知道家庭成员患有精神疾病。精神疾病给整个家庭蒙上了阴影，人们往往迷信它会遗传。其他疾病（如肺结核和癌症）也是如此。这些疾病都会对儿童的心理造成相当可怕的影响，有时让孩子脱离这样的家庭氛围会更有益处。长期酗酒或家庭中的犯罪倾向就像毒药，孩子往往难以抵御。然而，如何妥善安置脱离这类家庭的孩子？这个问题很难解决。癫痫患者往往易怒，会破坏家庭和谐。而所有疾病中最糟糕的是梅毒。如果父母患有梅毒，孩子通常非常虚弱，甚至也会传染上这种疾病，难以正常生活。

不能忽视这一事实，家庭的物质条件会影响孩子的人生观。与其他孩子相比，出身贫困的孩子更容易有匮乏感。中产家庭的孩子要是赶上家道中落，失去了习惯的舒适感，往往难以应付生活。如果祖父母比父母富裕，给孩子带来的紧张感就更大了，比如彼得·根特 (Peter Ghent) 就无法摆脱这样一种痛苦的困惑：他的祖父非常强大，父亲却一事无成。这样家庭的孩子往往特别勤奋努力，以此来抗议他们懒散的父亲。

当死神突然降临时，与死亡的初次接触往往会给孩子带来极大的震撼，足以影响他们的一生。对死亡毫无准备的孩子突然面对死亡，第一次意识到生命有终点，可能会使孩子完全灰心，或至少心生恐惧。在医生的传记里，我们经常发现，他们选择这个职业是因为某次与死亡的粗鲁会面，这足以说明孩子会被自己对死亡的认识所深深影响。将死亡这一沉重的问题压在孩子身上是不可取的，因为他们不能完全理解它。孤儿或继子女常常把他们的不幸归咎于父母的死亡。

我们也很有必要了解家里是谁做主。大部分家庭都由父亲做主。当母亲或继母占主导地位时，父亲往往得不到孩子的尊重。强势母亲的儿子通常对女性存在某种挥之不去的恐惧。这样的男人要么会回避女性，要么会让家里的女性生活得不愉快。

我们还有必要了解，对孩子的教育是否过于严格或过度温和。个体心理学不主张在养育孩子时过度严格或温和。我们要做的是充分理解孩子，使他们避免犯错，不断鼓励孩子面对和解决问题，培养其社会情感。不断挑剔孩子的父母会伤害孩子，使他们灰心丧气。过于温和的教育又会让孩子形成依赖心理和依附倾向。父母应该既避免过于美化现实，也不要用悲观的态度描述世界。家长的职责是让孩子尽可能充分地为生活做好准备，让他们能够照顾好自己。没有学习过面对困难的儿童，以后会设法避免人生种种艰难险阻，从而导致自己的生活范围越来越狭窄。

知道是谁主要负责照顾孩子也很重要。这个人当然不一定总是母亲。不过，即便母亲无法经常和孩子在一起，她也必须熟悉照顾孩子的人。教育孩子的最好方法是让他从经验中学习，在理性中学习。这样一来，孩子的行为就不是被他人强行管控，而是受到事实本身逻辑的限制。

第 7 题涉及孩子在家庭中所处的位置，这很能反映孩子的性格发展。独生子女的地位往往相当特殊，家里最小的孩子、只有姐妹的独生子或只有兄弟的独生女也是如此。

第 8 题有关职业选择。这是一个重要的问题，因为它揭示了环境对孩子的影响，显示出儿童的勇气、社会情感的发展程度，以及孩子的生活节奏。白日梦（第 9 题）和童年记忆（第 10 题）也很重要。那些会解读童年记忆的人常常能从中发掘出孩子整个的生活方式。梦也能揭示孩子的发展方向，显示他们更倾向于解决问题还是逃避问题。我们还要知道孩子是否有语言障碍，相貌身材是美是丑（第 13 题）。

第 14 题：孩子是否会公开谈论自己的处境？有的孩子喜欢自吹自擂，用以补偿自己的自卑感。有的孩子则不愿谈论自己，担心被人利用，或因为暴露弱点而受到新的伤害。

第 15 题：如果某个孩子在某门学科上取得成功（比如绘画或音乐），就应该在此基础上鼓励他在其他领域取得进步。

如果孩子长到 15 岁还不知道自己想成为什么样的人，就可以被视为完全丧失了信心，应该给予相应的帮助和处理。此外，我们还应该关注孩子家庭成员的职业以及兄弟姐妹之间的社会地位差异。父母婚姻的不幸福也会干扰孩子的整体发展。教师的责任是谨慎行事，切实了解儿童及其所处的环境，并利用所了解的情况对他们进行矫正和改善。

07

社会情感和儿童成长的障碍：儿童在家庭中的地位

与前几章所讨论的追求优越感的案例相反，许多儿童和成人也有与其他人团结起来的倾向，希望能够与他人合作完成任务，让自己成为对社会有用的人。这种现象可以用“社会情感”这个概念来形容。社会情感的根源是什么？这是一个有争议的问题。不过，根据本书作者截至目前的发现，这个问题与人的概念有着不可分割的关联。

也许有人会问，在什么情况下，这种社会情感会比追求优越感更接近人的本性呢？答案是，两者在本质上拥有相同的内核，也就是说，个人至上和社会情感都建立在人性的同一基础上，都是渴望获得肯定和认可的根本表现；它们的表现形式不同，这种差异涉及对人性的两种不同假设。个体为了争取优越感而进行的努力涉及一种假设，即个人不必依赖于群体，而渴望社会情感则假设个体在一定程度上依赖于群体和社会。前者代表了一种更为健全、逻辑上也更为根本的观点；后者则是一种肤浅的表现，但作为一种心理现象，更容易在个体的生活中遇到。

如果想知道社会情感在什么意义上合乎真理和逻辑，我们只需要从历史的角度来观察人类，很快就会发现，人总是群居的。这一事实并不惊人，因为很多单独生活无法自保的动物都会被迫群居在一起。将人与狮子相比，我们就会发现，人类作为一种动物，在野外生存相当困难。与人大小相当的大多数动物，都拥有更强大的力量，被大自然赋予了更厉害的攻击和防御武器。达尔文观察到，防御力不够强大的动物都会成群结队地生活在一起。例如，身体力量极强的猩猩一般都会与配偶一起生活，而猿类家族中较小、较弱的成员则会群居。正如达尔文所指出的，由于大自然没有赋予某些动物尖牙利爪和翅膀，它们就会组成群体以替代或补偿这方面的不足。

群体不仅可以弥补特定动物作为个体所缺乏的能力，还能引导它们发现新的自保方法，从而改善生存处境。例如，有些猴群会派出先遣侦察兵去查看附近是否有敌人，这样可以汇集群体的力量，弥补个体力量的不足。此外，牛群在面临远比自己强大的单个敌人时，会集结成圆形的防御圈，共同对抗进攻。

研究这类问题的动物社会学家指出，在这些动物群体中，经常能发现类似人类法律的制度化安排。比如，派出去的侦察兵必须按照一定的规则活动，一旦失误或违规，就会受到群体的严厉惩罚。

有趣的是，许多历史学家认为，人类最古老的法律正与部落中的守望者有关。如果是这样的话，我们就有了更直观的认识：群体观念的出现，是因为动物中较弱的个体无法保护自己。从某种意义上说，社会情感是体力虚弱的反映，与体力关系十分密切。因此，对人类而言，我们最好在婴儿和儿童时期发展和培养社会情感，因为这时的人类最虚弱无助，而且成长缓慢。

在整个动物世界里，除了人之外，没有别的动物出生时如此脆弱无助。正如我们所知，人类的幼儿走向成熟需要最长的时间。这并不是因为一个孩子在成年之前必须学习的东西太多，而是因为人的成长本身就需要大量时间。孩子需要父母的保护，因为他们的身体十分脆弱，如果儿童得不到保护，人类就会灭绝。儿童的身体虚弱可以看作将教育和社会情感联系起来的机会。由于儿童的身体发育不成熟，教育是必要的，而教育的目标则是依靠群体来解决孩子不成熟带来的问题。教育的目的必然是社会性的。

任何教育规则和方法都不能忽视群体生活和社会适应的观念。不管我们是否意识到，人们总会赞美那些对社会有益的行为，唾弃对社会不利或有害的行为。

我们所观察到的所有教育错误之所以被判定为错，都是因为我们认为它们会对社会产生有害的影响。所有伟大的成就，甚至人类能力的任何发展，都是在社会生活的压力下，朝着有益于社会情感的方向实现的。

以言语为例，独居的人不需要言语。语言的存在和发展是人类群居必要性无可争辩的证明。言语是人与人之间的清晰联系，同时也是人类群居生活的产物。只有将社会这一概念作为出发点的时候，言语的心理学才是可以理解的。独居的人对言语没有兴趣。如果一个孩子缺乏广泛的社区参与基础，生活与世隔绝，语言能力就会变得迟钝。只有当一个人与他人或群体发生联系时，才能获得和提高语言能力。

人们普遍认为，那些表达能力较强的孩子，只不过是更有天赋而已。事实并非如此。存在语言障碍或交流障碍的孩子通常缺乏强烈的社会情感。言语有障碍的孩子往往是因为被宠坏了，母亲在孩子提出要求之前就已经给了他们一切。这样一来，孩子没有言语的必要，也就失去了与外界的联系，丧失了社会适应能力。

有些孩子不愿意说话，是因为父母从不让他们说完整一句话，也不让他们自己回答问题；还有一些孩子则是因为被取笑或嘲讽而不敢说话。不断纠正、挑剔孩子的言语，似乎是儿童教育中普遍存在的弊端。这可能带来一种很可怕的结果，让这些经受嘲笑的儿童多年来始终心存自卑。例如，我们可能会注意到，有些人说话之前总会不断重复，“不过……请不要笑话我”。我们经常听到这样的说法，很明显，这些人小时候经常被人嘲笑。

有这样一个例子：一个孩子能说能听，但他的父母又聋又哑。他受伤的时候，总是只流泪，不哭出声。这是因为他的父母只能看到他流泪痛苦的模样，而听不见哭声。

如果没有社会情感，人类其他能力（如理解能力和逻辑意识）的发展也是不可想象的。完全独居的人不需要逻辑，或者至少不比其他动物更需要逻辑。另一方面，总在与他人接触、交往的人，就必须运用言语、逻辑和常识，从而必须获得、发展社会情感，这是一切逻辑思维的最终目的。

有时，有些人的行为在我们看来相当愚蠢，而事实上，从他们的个人目标来看，这些行为却是相当明智的。这种情况经常发生在那些认为其他人必须和自己一样思考的人身上，这也说明社会情感和常识在判断中有多么重要（更不用说，如果社会生活没有那么复杂，没有给个人带来那么多复杂的问题，那么，常识的发展就没有必要了）。有理由想象，原始人之所以停留在原始水平，就是因为相对简单的生活没有激发他们更深入的思考。

社会情感在人的言语能力和逻辑思维能力中起着非常重要的作用。语言和思维常被视为人类独有的神圣能力。如果一个人只试图解决自己的问题，不顾及所生活的社会，或者使用只有自己才懂的语言，就会产生混乱。社会情感能给每个人带来安全感，而这种安全感是人们生活的主要支撑。这种安全感可能不完全等同于我们从逻辑思维和真理中获得的信心，但它是这种信心中最显著的组成部分。举个例子，为什么数学能给大家以信任感，从而让我们倾向于将能用数字表达的东西视为真实和正确的？因为数字运算比其他思维过程更容易传递给同伴，同时，也更容易被人接受。对于不能交流、无法分享的真理，我们总是没有太大的信心。毫无疑问，这就是柏拉图试图将所有哲学都建立在数和数学模型之上的原因。我们可以看到，柏拉图的哲学与社会情感存在密切联系，他希望已经走出“洞穴”的哲学家再回到“洞穴”，也就是说，与同胞同甘共苦。[1]柏拉图认为，即使是哲学家，如果没有来自社会情感的安全感，也无法正常生活。

孩子与他人接触或必须独立完成某些任务时，我们可能会发现他们欠缺安全感。这种不安全感还会表现在某些学科的学

---

1 这是柏拉图的一个经典比喻，设想在一个地穴中有一批囚徒；他们自小待在那里，被锁链束缚，不能转头，只能看面前洞壁上的影子。囚徒自然地认为影子是唯一真实的事物。如果他们中的一个碰巧获释，转过头来看到了光与物体，他最初会感到眩晕，但也会慢慢适应。此时他看到有路可走，便会逐渐走出洞穴，来到阳光下的真实世界；到那时他才处于真正的解放状态，意识到以前所看到的世界只不过是影像，是不真实的，于是会开始怜悯他的囚徒同伴、他原来的信仰和生活。最后，他还是会选择返回洞穴，并试图劝说他的同伴，也使他们走出洞穴。——译者注

习上，尤其是那些需要客观、逻辑思维的科目（如数学）。

人类在童年时期产生的主要观念（如道德感、伦理感等），通常是以片面的方式呈现的。对于那些注定要离群索居的人来说，道德是不可想象的，也是毫无意义的。只有当我们考虑到社会和他人的权利时，道德观念才会出现，才有意义。不过，在审美和艺术领域，要证实这个观点有点困难。不过，即使在艺术领域，我们也能感受到一种普遍的、一致的模式，其根源可能在于我们对健康、力量和正确的社会发展等问题的共同理解。当然，艺术的边界有一定弹性，个体品位的空间可能更大。不过，总的来说，美学也会遵循社会的方向。

如何判断儿童的社会情感发展到何种程度？对于这个问题，我们的答案是，需要观察特定的行为表现。比如说，如果我们看到一个孩子在追求优越感的过程中只想突出自己，不去考虑别人，那就可以肯定，他比其他孩子更缺乏社会情感。在当代文明中，很难想象有哪个孩子不想追逐卓越。因此，他们的社会情感通常没有得到充分的发展。人类的批评者，也就是古往今来的道德家们一直在抨击人的自私本性和自我中心。这种批评总是以布道、说教的形式呈现，对儿童和成年人都毫无效果，因为仅凭说教很难解决问题。人们最终会这样安慰自己：反正别人也没比我好。

面对那些思想混乱，甚至产生了有害或犯罪倾向的儿童时，我们必须认识到，再多的道德说教也毫无用处。在这种情况下，我们应该更加深入，才能拔根除恶，也就是说，我们要放弃扮演法官的角色，而承担起朋友或医生的职责。

如果我们不断告诉一个孩子他很坏、很蠢，那么，用不了多久他就会真的这样相信，从此丧失面对困难和解决问题的勇气。接下来，这个孩子会遭遇一连串的失败，从而更坚定地相信自己很蠢。孩子不明白，最初摧毁自信的是他周围的环境，他会下意识地安排自己的生活以证明这种错误的判断是正确的。他会觉得自己天赋不如别人，在能力和发展的可能性上都受到限制。他的态度清楚地显示出他沮丧的心境，这种心境与环境带来的不良影响直接相关。

个体心理学试图表明，孩子犯的每一个错误都存在不良环境的影响。例如，拖沓的孩子背后往往有一个把事情安排得井井有条的家长；说谎的孩子通常受到了专横的成年人的影响，这个大人总试图用严厉、强硬的手段来纠正孩子说谎的习惯。我们甚至可以在孩子的夸夸其谈中发现环境的痕迹，这样的孩子通常渴望表扬，而不是成功完成任务；在追求优越感的过程中，他总在尝试唤起家庭成员的赞赏。

父母常常忽视或误解不同出生次序的孩子的处境。第一个孩子有段时间曾是家里唯一的孩子，这种经历对于第二个孩子来说是无法想象的。最小的孩子处境也很独特，因为他在一段时间内都是家里最小、最弱的人。这些处境各不相同。如果两兄弟或两姐妹一起成长，年纪较大、能力较强的人已经克服了一定的困难，而较小的孩子还需要继续面对。年龄较小的孩子的处境相对不利，他自己当然也会感受到。为了弥补这种自卑感，年幼的孩子会加倍努力，努力超过哥哥姐姐。

长期研究儿童的个体心理学家通常能够判断出孩子的出生顺序。如果年纪较大的孩子进步速度很正常，年龄小的孩子就会投入更大努力去追赶哥哥姐姐。这样一来，年纪小的孩子通常更积极活跃，更具有攻击性。如果大孩子身体虚弱、发育缓慢，弟弟妹妹就不需要投入那么大的努力来与之竞争。

因此，确定一个孩子的出生顺序非常重要，因为要完全了解他，就必须明白他在家庭中所处的位置。家庭中年纪最小的孩子一定会表现出明显的迹象和特征。最年幼的孩子通常都想超越所有哥哥姐姐，永不止息；始终觉得并相信自己必须比其他人更重要，为此不断采取行动。当然，有时也有例外，但这是最常见的情况。这样的观察对儿童教育很有意义，因为它决定了可采用的教育方法。我们不能对所有孩子都用同一套方案。每个儿童都是独一无二的。当我们按照一定的标准给他们分类时，也必须注意每个孩子的独特性。学校面对的孩子太多，因此量身定制教育方案很难实现，而家长则应该可以做到。

幼子总喜欢表现自己、突出自我，而且很多时候都能得偿所愿。这一点非常重要，因为它大大动摇了人们认为心理特征都来自遗传的观念。如果不同家庭的幼子存在极多相似之处，就更说明纯粹的遗传说站不住脚了。

另一种幼子则与上述类型截然相反，他们毫无信心，懒散之极。这两种类型看似截然不同，实际上却可以从心理学上加以理解。一个人一旦渴望超越所有人，就特别容易受到挫折的伤害。野心使他不快乐，一旦遇到看似无法克服的障碍时，这样的孩子会比那些目标不那么高远的人逃跑得更快。我们可以从一句拉丁谚语中看到这两类孩子的特征："要么拥有全部，要么一无所有"(Aut Cæsar，aut nullus)。

在《圣经》中可以找到与我们经验完全一致的精彩描述，例如约瑟、大卫、扫罗等幼子的故事。有人可能会提出异议，因为约瑟还有个弟弟便雅悯，但事实上，便雅悯是在约瑟 17 岁时出生的，因此，约瑟在童年成长阶段仍然是家中的幼子。关于幼子的成就，《圣经》和许多神话故事都有相关描述。在德国、俄罗斯的神话故事中，最小的孩子总会超越所有的哥哥姐姐。在斯堪的纳维亚或中国的神话故事中，幼子往往成为征服者。这不可能只是巧合。原因很可能是，在古代，幼子的特点比如今更为突出。因为在原始条件下，我们更容易注意到这种现象，因而也更方便观察。

关于儿童出生顺序所影响的人格特征，还有更多可说之处。例如，家里最大的孩子也有许多共同的特征，可以分为两到三种主要类型。

笔者曾经花很长时间研究长子的问题，不过，一直没有形成清晰的主体结构，直到偶然读到了冯塔纳 (Theodor Fontane)[1] 的自传中的一段文字。冯塔纳在这段文字中描述了他的父亲，一位法国移民参加波兰对俄罗斯战争的情况，他的父亲读到一万名波兰人打得五万俄罗斯大军落荒而逃时感到特别开心。冯塔纳无法理解父亲的喜悦。相反，他还提出异议，理由是五万俄军当然应该比一万波兰军强大，“若非如此我就一点儿也不高兴，因为强者就应该更强大”。读到这段话，我们可以马上得出结论：“冯塔纳是长子！”只有长子才会说出这样的话。他始终记得自己是家里唯一的孩子时，曾拥有多大的权力！因此，他觉得自己被弱者（弟弟妹妹）取代是不公平的。事实上，人们发现，最大的孩子通常性格比较保守。他们相信权力，遵守规则和法律。他们倾向于坦然而毫无愧疚地接受专制主义。他们对权位持积极肯定的态度，因为他们自己曾经占据过这样的地位。

正如前文指出的那样，长子中也有例外。以一个被人忽视的儿童为例。自从有了妹妹之后，这位长子就开始扮演悲剧角色。我们能从对这个充满困惑、完全泄气的男孩的描述中发现，问题与他那年轻聪明的妹妹有关。这种情况的频繁发生绝不是偶然的，完全能做出合理的解释。我们知道，当

1　19 世纪德国杰出的批判现实主义作家。——译者注

今社会仍然存在重男轻女的倾向，而家里最大的孩子也常得到父母的宠爱和厚望。他的处境一直非常有利，直到妹妹突然出现。被宠坏的哥哥把这个女孩看作讨厌的入侵者，与她奋力抗争。女孩遇到的处境促使她必须十分努力，只要她不崩溃，这种激励会持续一生。于是，妹妹进步很快，这种快速发展吓坏了哥哥，他的男性优越幻想就此破灭了。他开始自我怀疑，感到不安，同时，自然规律是女孩在 14—16 岁期间的发育比男孩快。于是，哥哥的自我怀疑可能变成彻底的灰心丧气。他轻易地丧失了自信，放弃了抗争，寻找各种煞有介事的借口，甚或为自己设置障碍，以此作为放弃努力的理由。

这种类型的长子也很常见，他们充满困惑、放弃希望、分外懒惰或神经兮兮，因为他们感到自己无力与妹妹竞争。他们往往会憎恨女性，憎恨的程度令人难以置信。他们通常命运悲惨，因为很少有人理解他们的处境，也很少有人为他们做出解释。有些时候，这类长子的问题还会更严重，以至于他们的父母和家人都会抱怨："怎么会这样呢？我们家的女儿为什么不是男孩，儿子为什么不是女孩？应该反过来才对。"

众多姐妹中的唯一男孩也有类似特点。在女多男少的家庭里，很难避免女性占主导地位的气氛。这个男孩要么被全家人宠坏，要么遭到所有女性的反对和排斥。这样两类氛围下成长的男孩自然会有不同的发展，但也具有某些相同特质。

很多人认为，男孩不应该完全由妇女抚养教育。不过，我们不要从字面上理解这句话，因为所有男孩最初都是由女性抚养的。这一观点真正的意思是男孩不应该在全是女人的环境中长大。这并非反对女性主义，而是反对从这种环境中产生的误解和偏见。它同样适用于在全是男人的环境中成长的女孩。这样的女孩通常会受到男性的歧视，为了追求平等，她会试图模仿男性，这会为她后来的生活带来不利影响。

无论一个人有多宽容，都不应认为对男孩和女孩的教育方法应该完全一样。短时间内这样做还可以，但某些不可避免的差异很快就会显现出来。这是因为两性间存在生理差异，男人和女人在生活中扮演的角色也不相同。生理构造在职业选择上也有一定作用。不满意自己性别的女孩很难接受那些适合女性的职业。对于将来的婚姻和家庭生活，男女两性的角色教育显然必须有所差别。对自己的性别不满的女孩会反对婚姻，认为这是个人的堕落，即便真的结婚了，她们也会追求支配地位。同样，像女孩一样成长起来的男孩也很难适应当代社会。

考虑这些问题的时候，我们不能忘记，一个人的生活方式通常在四五岁的时候就已经确定下来。在这段时间内，必须培养他们的社会情感和社会适应能力。通常而言，5 岁左右的孩子对世界的态度和观念就已经大致固定下来，在未来的发展中也会保持大体不变；他对外部世界的感知基本保持不变。也就是说，他会陷入自己的观念之中，不断重复原来的心理机制和由此产生的行为。一个人的社会情感受到他自身的心理视野的限制。

08

孩子在家庭中的位置：心理处境及其矫正方式

我们已经看到，儿童的发展与他们对自己所处环境的无意识解释保持一致。我们也已知道，家里第一、第二和第三个孩子的发展各不相同，其特点与他在家庭中的特殊位置有关。孩子早期的处境可以看作对其性格发展的一种考验和磨炼。

儿童的教育不能太早开始。随着孩子的成长，他会形成一套特定的规则或程式来规范自己的行为，指导他对各种情况做出反应。孩子很小的时候，只有很微妙的迹象表明他正在构建一种特殊的机制来指导未来的行为。几年的练习之后，这种模式固定下来，他的行为不再是客观的反应，而是遵循他对自己早期经验的无意识解释。如果一个孩子对某种情况或应对某种困难的能力做出的解释是错误的，那么，这种错误的判断就会决定他的行为。如果这种最初的、幼稚的错误解释没有得到纠正，再多的逻辑或常识也改变不了他成年后的行为。

儿童的成长总有一些主观的东西。教育者必须对儿童独特的个性有所了解，不能用千篇一律的规则来教育所有孩子。这也是为什么对不同孩子运用同一规则会产生不同的结果。

另一方面，当我们看到孩子们以几乎相同的方式对同样的情况做出反应时，不要认为这是自然规律造成的；事实是，当人类对情境普遍缺乏理解和认识时，就很容易犯同样的错误。人们通常认为，家里新出生一个孩子时，哥哥姐姐一定会心生妒意。对于这种概括，人们提出了反驳，有人认为凡事都有例外；也有人认为，如果我们能让孩子知道如何正确对待弟弟妹妹的出生，他们就不会嫉妒。在这方面存在错误观念和行为的儿童，就像一个面对着山间小径的旅人，不知道该如何继续前行。当他终于找到了正确的道路，来到下一个城镇时，他听到人们惊讶地说："几乎每个在那条小道徘徊的人都会迷路。"犯错的孩子经常徘徊在这样富于诱惑的道路之上。它们看起来很容易通过，因此吸引了大量孩子。

还有许多情境对孩子的性格有着不可估量的影响。你是不是也经常发现一个家里的两个孩子一好一坏？只需仔细调查一下，就会发现那个坏孩子对优越感的追求过于强烈，想要支配其他人，尽力统治周围环境。家里充斥着他的哭声。相比之下，另一个孩子则安静、谦虚，得到全家人的喜爱，将他作为榜样。同一家庭中出现了这样大的差异，父母往往不知道如何解释。经调查，我们得知，好孩子发现，借助出色的行为，他能够获得更多的认可，成功战胜坏孩子。显然，当两个孩子之间出现了这种性质的竞争时，坏孩子没有希望通过出色的行为超越好孩子，因此他努力在相反的方向上超越他，也就是说，尽可能地调皮捣蛋。根据我们的经验，这样顽皮的孩子并非毫无希望，他们完全有可能变得比兄弟姐妹更好。同时，经验也告诉我们，对优越感的强烈渴望也可能表现在另一个极端的方向。我们在学校也会看到同样的情况。

不能因为两个孩子的成长条件一样，就预测他们会发展得一样。没有哪两个孩子能在完全相同的条件下成长。好孩子的性格也会在很大程度上受到坏孩子的影响。事实上，有许多孩子原本表现良好，后来却成了问题儿童。

有这么一位 17 岁的女孩，她 10 岁时是个模范孩子。她有一个比自己大 11 岁的哥哥。他在 11 年中都是家里唯一的孩子，所以被宠坏了。女孩出生后，哥哥并不嫉妒她，只是继续他一贯的行为模式。小女孩 10 岁时，哥哥开始长时间离家，于是女孩便获得了类似独生女的地位，于是开始我行我素，丝毫不顾及他人。她家境富裕，因此很容易满足她的要求。然而，随着她逐渐长大，家庭就无法满足她的所有需求了。于是她开始表现出不满，利用家里的资金信誉去借钱，很快就欠了一大笔债。也就是说，她选择了另一条路来实现自己的愿望。当母亲拒绝她的要求时，她的良好行为就消失了，开始争吵、哭闹，逐渐长成令人讨厌的模样。

从这个案例和其他类似案例中可以得出一个普遍的结论，孩子能够通过良好的行为来满足自己的优越感，但我们永远无法确定，一旦情况发生变化，这种良好的行为是否会继续下去。本书附录 1 所提供的心理问卷能让我们更全面地了解孩子及其行为，以及他与周围环境、周围人的关系。他的生活方式在其中会有一定体现，如果我们对这个孩子及其问卷信息进行深入研究，就会发现，他的性格特征、情感和生活方式都是他用来提升优越感、增加重要性和在周围环境中获得威望的工具。

我们在学校里经常遇到另一种孩子，似乎与前面的说法相矛盾：他们懒惰、保守而内向，不受知识、纪律或批评的影响，生活在自己的幻想世界里，完全没有表现出对优越感的追求。然而，如果我们有足够的经验，就能认识到这也是一种追求优越感的形式，尽管这种方式十分荒唐。这种孩子不相信自己能用正常的方法取得成功，因此他会尽力避免一切能改善、提高自己的手段和机会。他把自己孤立起来，给人一种冷酷坚强的印象。然而，这种坚强并非他人格的全部，在坚强的背后，我们通常可以发现异常敏感、虚弱的心灵，需要外在的冷酷来保护自己不受伤害。他把自己裹在厚重盔甲里，将外界事物拒于千里之外。

如果我们成功地找到方法来诱导这类人说话，就会发现他们过度专注自己，总沉溺于白日梦和幻想之中，把自己想象得很伟大或很优越。现实绝非白日梦。在梦中，他们假装自己是英雄，征服了其他所有人；或是将自己想象成暴君，能夺走其他人的权力；又或是救苦救难的烈士。孩子们常有扮演救世主的倾向，除了在白日梦中，有些孩子也会付诸行动，在别人遇到危险时挺身相助。在白日梦中扮演救世主角色的孩子，也会在现实中训练自己，如果他们尚未完全丧失自信，就会在机会来临的时候扮演这个角色。

某些白日梦会不断重现。在君主制时期的奥地利，许多孩子梦想着把国王或王子从危险中拯救出来。当然，父母从来不知道他们的孩子有这样的想法。我们需要知道的是，经常做白日梦的孩子无法适应现实，也无法使自己变得有用。在这种情况下，幻想和现实之间存在深深的鸿沟。有些孩子会选择中间道路：既保留着自己的白日梦，同时也稍作努力去适应现实。还有一些人则根本不去适应现实，越来越彻底地逃离现实世界，沉溺于自己创造的私人空间。还有一些人则根本不沾染幻想世界，只专注于现实，哪怕是阅读，他们也只喜欢旅行、狩猎、历史等现实类的书籍。

毫无疑问，一个孩子既要有一定的想象力，也要具备接受现实的意愿。但我们绝不能忘记，儿童看事情与成年人不同，他们更倾向于把世界分成两个极端。要理解孩子，就不能忘记这么一个重要的事实，他们有一种将万事万物划分为对立的两部分的强烈倾向（上或下，全好或全坏，聪明或愚蠢，优越或自卑，全有或全无）。有些成年人也存在这种极端的认知方式。众所周知，我们很难摆脱这种思维方式。例如，我们会把热和冷视为对立，而根据科学知识，冷和热的区别只在于温度上的差异。我们不仅经常在儿童中发现这种对立的感知机制，还会在哲学思考的初期阶段发现这种思维方式。例如，在希腊哲学的早期，这种思维方式占主导地位。即使是今天，几乎每个业余哲学家都试图用对立的方法来衡量价值。有些人甚至建立了性质对立的程式，如生—死，上—下，男—女，等等。如今的幼稚思维与古代哲理式的感知方式有着显著的相似性。我们可以假设，那些习惯于把世界划分成正反两极的人，仍然保留了儿童幼稚的思维方式。

按照这种非此即彼的认知方式来生活的人，我们可以用这样一句格言来描述他们，那就是“要么全有，要么全无”。当然，在这个世界上实现“全有或全无”的理想是不可能的，但他们还是根据这样的原则来安排自己的生活。要么拥有全部，要么一无所有——这是不可能的。这两个极端之间还有无数等级。这种思维方式常见于那些自卑感很强却又野心勃勃的孩子。历史上有一些这样的例子，例如恺撒，他在谋求王位的过程中被朋友谋杀。儿童的许多特质和性格特征（如固执）都可以追溯到“全有或全无”的观念。在孩子们的生活中，有太多的证据可以证明这一点，以至于我们可以得出这样的结论：这样的儿童形成了一种私人哲学，或者说是一种与常识相悖的私人智慧。以一个4岁的女孩为例，她是个固执极了的小姑娘。一天，她妈妈给她带了一个橘子，孩子接过来就立即将它扔在地上，说："你给我什么我都不喜欢！我想吃的时候会自己拿！"

懒惰的孩子们当然不可能"拥有全部"，于是越来越陷入"一无所有"的白日梦、空想和空中楼阁。然而，不要急于论断这样的孩子无可救药。我们非常清楚，过分敏感的孩子很容易从现实中退缩，因为自己创造的幻想世界向他们承诺了一定的保护，使他们免受进一步的伤害。但这种逃避未必意味着他们完全不适应现实世界。与现实保持一定的距离不仅对作家和艺术家是必要的，甚至对科学家也是必要的，因为科学家也需要良好的想象力。白日梦的幻想，不过是个人为了避免生活中的不愉快和可能的失败而试图走的一条弯路。我们绝不能忘记，只有那些想象力丰富，同时又能把想象与现实结合起来的人，才能成为人类的领袖。他们之所以成为领导者，不仅是因为他们接受了更好的教育，拥有更敏锐的观察力，更是因为他们有勇气和意识去面对、克服生活中的困难。伟大人物的传记常常揭示，虽然他们小时候很少关注现实，学习成绩也不够好，但却拥有观察周围世界的非凡能力；因此，一旦条件变得更加有利，拥有的勇气就足以让他们直面现实、开始战斗，最终成就一番事业。当然，如何让孩子成为伟人没有法则可循。但我们应该记住，我们绝不能粗暴地对待孩子，而应该不断鼓励他们，努力向他们解释现实生活的意义，这样他们就不会在幻想和现实世界之间制造鸿沟。

09

作为准备性测试的新环境

个体的心理层面是个统一的整体，在某种意义上，个体人格的表现不仅在横向上密切关联，在纵向上也保持连续。人格在时间上不会出现突然的跳跃，一个人现在和将来的行为总是与过去的性格保持一致。这并不是说一个人生命中的事件全都由过去和遗传所决定，而是意味着未来和过去具有一脉相承的特性。我们不可能一夜之间跳出原来的自我，变成截然不同的另一个人——尽管我们永远不知道自我究竟是什么样子，也就是说，在能力或天赋表现出来之前，我们永远不了解自己全部的潜能。

由于人格发展具有连续性（这不是机械决定论），教育和发展的可能性才得以存在。同时，我们也有可能检测出儿童在某一时刻的性格发展状况。一个人进入新的情境时，他隐藏的性格特征就会显现出来，如果我们能直接对个体进行实验，就可以通过让他们经历新的、意想不到的情况来了解其人格发展状况。在这种情况下，他们的行为一定会符合过去的性格，这样一来，在普通情况下不会显现的性格就会暴露出来。

对于孩子来说，通常是在开始上学、家庭环境突变等时期，最容易表现出性格特征。孩子性格中的局限性会在这样的转变期表现出来，就像放在显影液中冲洗的照片一样逐渐变得清晰可见。

我们曾观察过一个被收养的孩子。他脾气暴躁，不服管教，行为捉摸不定。我们和他谈话时，这个孩子没有好好回答问题，而是谈到了一些与问题无关的事情。了解了这个孩子的全面状况之后，我们得出的结论是，这个孩子虽然已经在养父母家里待了几个月，却仍对他们怀有敌意。也就是说，他不喜欢这个家。

这是我们得出的唯一结论。养父母先是摇头，说自己对这孩子很好，比他以前受到的待遇好得多了。但善待并不是决定性的因素。我们经常听到父母说："我们什么办法都用尽了，软硬兼施全都没用。"光靠善待来教育孩子是不够的。虽然有些孩子会对善待做出积极的反应，但我们也不能就此认为他们被改变了。孩子可能会认为这种善待只是暂时的，自己的处境并未发生根本变化，一旦善待消失，自己又会回到过往的糟糕环境之中。

在这样的情况下，重要的是了解这个孩子的感受，思考他是如何解释自己的处境的，而不是父母的想法。我们告诉这对养父母，孩子对他们并不满意。我们无法判定这个孩子的不幸福感是否合理，但一定是发生了什么事，才激起了孩子的恨意。我们告诉他们，如果他们觉得自己没有能力纠正孩子的错误，难以赢得他的爱，就必须把他交给别人，否则他会不断反抗那些被他视为监禁的教育手段。后来，我们听说那个男孩变得更加暴躁，甚至可以说成了一个危险人物。如果采用温和的手段，这个孩子的情况可能会有些许改善，但这不足以解决问题，因为导致这种情况出现的原因还不清楚。随着我们进一步收集信息，原因日渐清晰起来了。事情是这样的：他和养父母的亲生子女共同生活，因此，他认为他们对亲生孩子的关心远远超过自己。这当然不是这孩子动辄发脾气的原因，但他确实想离开这个家，因此，他会采取任何有助于自己达成目标的行为。他的行为完全以目标为导向，非常明确，因此，我们不用进行这孩子是否脑子有问题的猜想。过了一段时间，这对养父母付出了一定代价之后才明白，如果无法改变孩子的行为，就不得不将他送往别处。

如果我们对这孩子的问题行为进行惩罚，他就会将惩罚作为继续反叛的好理由，这能证明他的反抗是有道理的。我们的观点具有充分的依据。我们认为，所有孩子的错误行为只能理解为他与环境作斗争的结果，是他蓦然遭遇缺乏准备的新环境的结果。尽管这些错误相当幼稚，也无须感到惊讶，因为在成年人的生活中也存在同样幼稚的表现。

几乎没什么人研究过各种手势和不明显的身体语言。教师在这方面或许有独特的优势，能将孩子的所有表现形式组合成一种图式，探讨它们之间的联系及其根源。必须记住，在不同场合，同一种表达形式可能有不同的含义；两个孩子做出了同样的行为，含义可能大不一样。此外，尽管心理原因相同，问题儿童的表现形式也可能多种多样，通往同一目标的道路绝不止一条。

我们不能从常识的角度来判断对错。孩子做出了错误的行为，通常是因为他们设置了错误的目标。因此，对错误目标的努力追求导致了错误的结果。人生的错误路径数不胜数，正确的道路却只有一条，这也是人性的独特之处。

有几种表达方式在学校里没有引起注意，但却很有意义，比如睡觉的姿势。这里举个很有趣的例子。一个 15 岁的男孩产生了这样的幻觉：当时的皇帝弗朗西斯·约瑟夫一世死了，鬼魂出现在他面前，命令他组织一支军队向俄国进发。晚上，我们来到他的房间看他睡得怎么样时，发现他摆出了一副拿破仑指挥千军万马一般的睡姿。第二天，我们看到他时，他仍然表现出类似的军人姿势。他的幻觉和清醒状态之间的联系似乎很明显。我们与他交谈，试图说服他，皇帝还活着。

他不愿相信。他告诉我们，他在咖啡馆当服务生的时候，经常因为身材矮小而被人戏弄。我们问他认不认识谁跟他走路姿势相似，他想了想，回答说："我的老师，梅尔先生。"我们的猜测似乎是对的，只要将这位梅尔先生想象成另一位小拿破仑，问题就迎刃而解了。更重要的是，男孩告诉我们，他想成为一名教师。梅尔是他最喜欢的老师，他在各方面都以模仿老师为荣。简言之，这个男孩的整个人生故事都浓缩在这个姿势之中。

新环境是对孩子准备性的一种考验。如果儿童准备充分，就会充满信心地面对新环境；如果他没有准备，新环境就会带来紧张，进而让他产生一种无能为力的感觉。无能感会扭曲儿童的判断，对环境做出不真实的反应。这种反应不符合环境的要求，因为它不是建立在社会情感的基础上。换言之，一个孩子在学校的失败，不仅因为学校制度的低效，更要归咎于孩子入学前欠缺准备。

我们必须审视新的环境，不是因为这是造成儿童状况恶化的原因，而是因为我们知道，它更清晰地凸显了儿童的准备不足。每一个新环境都可以看作对儿童准备性的考验。

在这方面，我们可以再次讨论附录 1 问卷中的一些问题。

1. 问题出现在什么时候？我们会立刻注意到新环境的出现。当一位母亲说孩子在上学之前一直表现很好时，她告诉我们的内容其实比她自己实际理解的还多。这就是说，孩子难以适应学校生活。如果母亲说的是“他在过去三年一直不太好”，那么，这个回答还不充分。我们必须知道三年前孩子的环境或身体状况发生了什么变化。

孩子丧失自信的第一个迹象往往是无法适应学校生活。最初的失败通常没得到足够的重视，虽然这对孩子来说可能意味着一场灾难。我们必须了解，孩子是否经常因学习成绩不好而被打屁股，这些分数和责打对他追求优越感有什么影响呢？他可能会相信自己没有能力完成学业，尤其是如果他的父母常说“你什么都做不好”或“你总有一天会被送上绞刑架”等话语，孩子更会觉得自己一无是处。

有些孩子会受到失败的激励，有些孩子则会因此崩溃。对于那些对自己和未来失去信心的孩子，我们必须保持温柔、耐心和宽容。

对性的粗暴解释可能会使孩子感到困惑。而兄弟姐妹的辉煌成就也可能会阻止他进一步努力。

2. 问题出现之前，有没有明显的迹象？也就是说，在环境发生变化之前，孩子是否明显缺乏准备？对于这个问题，我们得到了各种各样的答案。“这孩子很邋遢”，意味着母亲曾经为他整理一切。“他总是很胆小”，意味着对家庭的极大依恋。当一个孩子被描述为虚弱时，我们可以假设，他可能生来就有一些问题，或因为虚弱而被过分娇惯，或由于丑陋而总被忽视。这个问题也包括孩子可能有轻微弱智。这个孩子可能发育得很慢，以至于被人怀疑是弱智。即使他后来有所好转，被宠爱或限制的感觉仍然存在。这种感觉会给他应付新环境的尝试带来更多困难。如果一个孩子胆小又粗心，那么我们可以肯定，他是为了寻求别人的注意。

老师的首要任务是赢得孩子的信任，然后鼓励和培养他的勇气。如果一个孩子笨手笨脚，老师必须确认他是不是左撇子。如果这个孩子笨手笨脚到了十分夸张的程度，就应该确认他是否完全理解自己的性别角色。在女性环境中成长的男孩会避免与其他男孩相处，因为他们容易遭到戏弄和嘲笑，也经常被当作女孩对待。这样的男孩习惯了女性角色，长大后会出现相当激烈的内心冲突。对男女生理差异的无知导致孩子们相信性别是可以改变的。但是他们最终发现，身体结构是不可改变的，所以试图通过发展心理上的异性特征来补偿。这样的心理倾向会体现在他们的着装和举止上。

有些女孩讨厌女性职业，主要原因是认为这种工作毫无价值。男尊女卑的传统依然存在，这确实是人类文明的一个基本问题。我们的文明明显有利于男性，允许他们拥有某些特权。男孩的出生往往比女孩更受欢迎。这种重男轻女的观念对男孩和女孩都会产生有害影响。女孩很快就会被自卑刺痛，而男孩则背负了过多的期望。女孩的发展受到限制。有些国家（如美国）的限制不再那么明显，但即使是在美国，男女双方也没能在社会关系上达到平等。

这里关注的是反映在孩子身上的人类整体心理。接受女性角色意味着会遇到一些艰难困苦，因此偶尔会引发反抗，这种反抗往往表现为不守规矩、固执和懒惰，这都与追求优越感的心理有关。当这种迹象出现时，老师必须查明这个女孩是否对自己的性别不满意。

对自己性别的不满会扩展到其他各个方面，导致生活不堪重负。有时我们会听到孩子说，真希望去一个没有性别之分的星球生活。这样的错误观念可能引起一些荒唐的行为，也可能导致完全的冷漠、犯罪，甚至自杀。面对这类现象，假如我们加以惩罚或是不闻不问，都会加重孩子的不满足感。

如果孩子能以更自然而然的方式了解男女之间的区别，相信男女具有同等价值，就可以避免这种不幸的状况。通常而言，父亲在家里拥有一种优越感，他是财产的拥有者，能够制定规则，指导妻子、给她解释并最后拍板。兄弟们也试图向姐妹们证实自己的优越，通过批评和蔑视使她们对自己的性别感到不满。心理学家发现，兄弟们的这种行为往往源自他们自己的软弱感，因为“能做什么”与“看起来似乎能做什么”之间差了十万八千里。对女性至今还没能做出伟大成就的指控毫无道理，因为社会从未培养、教导女性去完成丰功伟业。男人总把破袜子交给女人来修补，并试图说服她们这才是她们的天职。虽然这种情况已有些许改善，但是直到今天，我们培养女孩的方式也没有体现出什么特别的期望。

一方面，我们没有为女孩提供完成丰功伟业的准备，甚至还会加以阻碍；另一方面，社会又反过来批评她们的成就不足。这是一种短视。改善现状并不容易，因为不仅父亲认为男性特权理所当然，母亲也赞同这种观点，还会据此来抚养子女。他们教导子女，男性权威是对的，男孩可以要求女孩服从，而女孩也理应服从。孩子们应该尽可能早知道自己的性别，而且这种性别是不可改变的。正如前文所说，有些女孩因此对男性权威和男性优越产生了怨恨。一旦怨恨过于强烈，女孩很可能拒绝接受自己的性别，并尽可能模仿男性。个体心理学称之为"对男性的抗议"。如果第二性征出现问题（如畸形或发育不全），也会导致成年人怀疑自己的性别（因为女孩身上出现了男性生理特征，或男孩出现女性特征）。这些怀疑有时深深植根于体质缺陷之中，并与之密切相关。身体结构稚嫩、发育不全，在男性身上比女性表现得更明显。如果男性出现这种状况，就会被认为具有女性特征。这种看法其实并不真实，因为这样的男人更像小男孩，而不是女人。身体发育不全的男人常常会感到痛苦而自卑，因为社会普遍希望成年男人一定要超越女性。对于女孩来说，发育不全、不够美丽也常常会导致她们厌恶面对生活中的问题，因为我们的社会过于看重女性的美感。

性情、气质和情感一般被视为第三性征。敏感的男孩常被认为女性化，沉着、自信的女孩则被称为男性化。但这些特征绝不是天生的，而是后天习得的。拥有这些特征的人回忆说，他们小时候就是如此，表现得很特别，举止像个女孩（或是男孩）。后来，他们根据对各自性别角色的解释而成长起来了。问卷中还有一个问题，即性发育和性经验发展到了什么程度？也就是说，在一定的年龄阶段，应该让孩子对性有一定的理解。应该说，至少有 90% 的孩子，在父母或老师最终讲解性知识之前，就知道了一部分事实。什么时候可以向孩子讲解性知识？没有统一的硬性规定，因为我们无法预知一个孩子对相关解释的接受和相信程度，也无法断言这会对他产生什么影响。如果孩子提出了性知识方面的问题，在解释之前，应该仔细考虑孩子当时的实际情况。我并不提倡过早教育孩子性知识，即使它未必一定会产生有害的影响。

养子女或继子女的问题也相当棘手。这类孩子通常会将善待视为理所当然，而把一切苛刻、严格的管理都归咎于他们特殊的家庭地位。失去母亲的孩子往往会紧紧地依附着父亲。一段时间后，父亲再婚了，孩子就会觉得自己被排斥在外，拒绝和继母交好。有意思的是，少数孩子甚至会把亲生父母看作继父继母，这当然意味着他们对父母心存许多怨言和不满。许多童话故事会把继父继母描述为十恶不赦的邪恶角色，导致孩子们认为生活中的继父母也十分可疑。顺便一提，对孩子们来说，童话并不是完美的阅读材料。当然，我不是主张完全禁止童话，因为孩子们能从中学到很多关于人性的知识，但是，有必要在某些故事中附上正确的评论，不让孩子阅读过于残酷或扭曲的幻想。人们有时会运用那些强者做残忍事的童话故事来磨砺孩子，让他们变得坚强粗犷，不要太过柔软敏感。这又是一个从英雄崇拜中衍生出的错误观念。它会让男孩认为表现出同情就说明自己缺乏男子气概。很难理解为什么人们要抵制温柔细腻的情感，只要它没有被误用、滥用，就很有价值——何况，任何情感都可能被误用、滥用。

私生子的处境也极为艰难。毫无疑问，将私生子的重担留给女人和孩子，而男人却逍遥法外，这是不对的。其中付出最大代价的当然是孩子。无论人们多么想帮助这些孩子，都不可能让他们的痛苦完全消失，因为常识很快就会告诉他们，自己的生活并不正常。他们会受到同伴的歧视，法律也可能使他们的生活条件更加艰难，私生子的烙印刻在生活的方方面面。于是他们会变得敏感，很容易与人争吵，对世界抱有敌意，因为每一种语言中都有丑陋的、侮辱性而令人痛苦的字眼来称呼这些孩子。很容易理解为什么问题儿童和罪犯中有那么多孤儿和私生子。孤儿和私生子的反社会倾向不是天生和遗传的，而是环境作用的结果。

10

儿童的学校生活

正如上一章所说，孩子进入学校时，会发现自己处在一种全新的环境中。就像所有新环境一样，进入学校可以看作是对先前准备性的一种考验。如果这个孩子受过适当的训练，他就会顺利通过考验；如果没有，这方面的欠缺就会变得更明显。

人们一般不会记录孩子进入幼儿园和小学时的心理准备情况，不过，如果有这样的记录，就能帮助我们解释孩子成年之后的许多行为。这种“新环境测试”比一般的学业考试更能揭示问题。

孩子入学时，学校会对他有什么要求？入学之后，他需要与老师、同学合作，还得对学校科目产生兴趣。通过孩子对新环境的反应，可以判断他的合作能力和兴趣范围。我们能知道孩子对什么学科感兴趣，是否对别人说的话感兴趣，也可以知道他是否对这一切有兴趣。要知道这些方面的情况，需要研究孩子的态度、姿势和表情，听老师讲话的方式、友好地接近老师还是远远地避开老师，等等。

这些细节如何影响一个人的心理发展，可以通过一个男人的例子来说明。由于在职业上遇到许多问题，这个男人去咨询了一位心理学家。通过对童年的回顾，心理学家发现他是家里唯一的儿子，在姐妹群中长大。他出生不久，父母就去世了。到了上学的年龄，他不知道自己该去男校还是女校，后来，在姐妹们的劝说下，他去了女校读书。不过，他很快就被学校开除了。可以想象，这些经历会给他的心理产生多大的影响。

学生是否专注于学校的课程，很大程度上取决于孩子是否对老师感兴趣。让孩子专心听讲、观察他们是否能集中注意力，都是教学艺术的一部分。许多孩子缺乏集中注意力的能力，因为他们在家里娇生惯养，忽然面对那么多陌生人，被吓坏了。如果老师较为严厉的话，这类孩子看起来简直毫无记忆能力。但这种记忆的缺乏并不像人们普遍认为的那么简单。有些被老师斥责为缺乏记忆力的孩子，可能对学业之外的事情过目不忘。他甚至完全可以集中精力，但只会在宠爱他的家庭情境下出现。他的注意力只集中在被宠爱的渴望上，而不是学校的学业。

对于这些学校适应不良、成绩不好、考试不及格的孩子，批评、责备是没有用的。批评、责备不会改变他的生活方式，相反，只会使他相信自己不适合上学，从而对学校的态度愈发悲观、消极。

很重要的一点是，这些被宠坏的孩子，一旦获得老师的宠爱，往往都可以成为很好的学生。如果学习能带来很大的好处，他们就会去学习；不幸的是，我们不能保证他们在学校里总能受到宠爱。如果孩子换了学校或老师，或者在某个特定的科目上没有进步（对于娇生惯养的孩子来说，数学不好的可能性很大），他很可能会突然停下来。这是因为他已经习惯了事事顺心，从来没有受过奋斗的训练，也不知道如何奋斗，他没有耐心面对困难，也无法通过有意识的努力而奋勇前进。

接下来，我们来探讨什么是良好的入学准备。在不良的入学准备中，我们总能看到母亲的影响。我们知道，母亲是第一个唤醒孩子兴趣的人，因而负有将这种兴趣引导到健康渠道的关键责任。如果母亲没能尽到责任，结果就会清晰地表现在孩子在学校的表现上。除了母亲的影响外，还有一些复杂的家庭影响因素（如父亲的影响，孩子之间的竞争），我们在前文已经分析过了。此外，还有外部的影响（如糟糕的社会环境和偏见），我们将在接下来的章节中展开详细论述。

简言之，由于这些因素会对孩子的入学准备产生不良影响，因此，仅根据孩子的学习成绩来对他进行判断，是非常愚蠢的做法。我们更应该把学校的成绩单看作是孩子目前心理状况的反映。这些成绩单反映的不只是孩子得到的分数，还包括他的智力、兴趣和专注能力等。学校考试与智力测验等科学测试尽管存在结构和形式上的差异，本质却很相似。这两种测试的重点都应放在揭示孩子的心理，而不是写下了多少正确答案。

近年来，所谓的智力测验得到了很大的发展，很多老师喜欢使用这种方式。的确，这种测试有时相当重要，因为它能揭示出普通考试关注不到的内容。有些时候，智力测试能成为孩子的救星。如果一个男孩成绩很差，老师想让他留级，而智力测试却显示他智商很高，于是，孩子没有留级，反而被允许跳了一级。他感觉自己很成功，行为表现也大不相同。

我们不想贬低智力测验和智商的作用，但必须得说，如果要进行智力测验，也不应该将结果告知参与的孩子和父母。因为家长和孩子往往不知道智力测验的真正价值。他们认为智力测验是一种终极的判断，能够完整揭示出孩子的命运，这样一来，孩子的命运反而会受到它的限制。事实上，将智力测试结果绝对化的做法，一直备受人们的批评。智力测试的高分并不能保证孩子未来一定会成功；相反，许多成功的成年人在童年时曾得过相当低的分数。

根据个体心理学家的经验，如果孩子在智力测试上得分太低，我们可以通过正确的方法来使其提高。其中一种方法是让孩子反复进行某种类型的智力测试，直到他找到正确的窍门，为参加这样的测试做出合适的准备。孩子可以通过这种方式获得进步，积累经验，在以后的测试中取得更好的分数。

学校的日常教学如何影响学生，学生是否受到繁重课程的压迫，这也是一个很重要的问题。我们不低估学校课程，也不认为应该减少学习科目。重要的是，这些科目要连贯统一，让孩子们理解这些科目的目的和实际价值，不要把它看成纯粹抽象的理论。我们应该教育孩子学习知识，还是发展孩子的人格？这个问题争议颇多，个体心理学认为两者可以兼顾。

教学应该饶有趣味，与实际生活相结合。数学（包括算术和几何）的教学可以与建筑物的风格和结构及居住其中的人数等相结合。有些科目可以结合起来教。在一些比较进步的学校里，有一些懂得将不同科目联系起来教学的专家。他们和孩子们一起散步，了解他们对哪些科目更感兴趣。他们尝试组合教学，例如，将某一植物、这种植物的历史、所生长国家的气候等结合在一起。这种方式不仅能激发孩子对那些本来不感兴趣的科目的兴趣，而且能使他学会用更统合性的方式处理问题，这是所有教育的最终目的。

有一点是教育工作者不可忽视的，那就是在学校读书的孩子都觉得自己处于竞争环境之中。我们很容易理解为什么这一点很重要。理想的班级应该是一个整体，每个学生都认为自己是整体的一分子。教师应该注意把竞争和个人野心限制在一定范围内。有些学生不喜欢看到别人遥遥领先，或是不遗余力去追赶竞争对手，或是陷入失望，带着主观的情绪看待万事万物。这就是老师的建议和指导如此重要的原因，老师一句恰当的话可以把孩子的精力从竞争引向合作。

制订适当的班级自治计划有助于加强学生之间的合作。不必等到孩子们完全准备好才去制订这种自治计划，可以让孩子们先学着观察班里的情况，或提出相关建议。如果没有准备就让孩子完全自治，我们会发现，他们在惩罚方面比老师更严厉苛刻，甚至会利用职权为自己谋取私利和优越感。

关于儿童的学业进步，我们既要考虑到老师的观点，也要考虑到孩子的意见。有趣的是，孩子在这方面有很好的判断力。他们知道谁拼写最好、谁绘画最美、谁体育最棒。他们能做出很好的相互评价。有时他们对别人不太公正，但他们能意识到这一点，并努力做到公平。在评价方面，最大的困难是他们的妄自菲薄，孩子们会认为“我永远赶不上别人”。教师必须指出这种自我评价方面的判断错误，否则，它将持续孩子一生，难以改变。怀抱这种想法的孩子永远不会进步，会一直待在原地。

绝大多数孩子的成绩较为稳定，会保持在特别优秀、特别糟糕或是中等水平。这种稳定性与其说验证了他们的智力水平，还不如说体现了孩子心理态度的惰性。它表明儿童会自我限制，经过一些挫折后就不再乐观了。不过，有些孩子的成绩也会发生相对的波动。这一事实很重要，它说明儿童的智力水平并非与生俱来、不可改变的。孩子们应该知道这一点。教师也应该教育他们学会将这个道理付诸实践。

老师和学生都应该摆脱迷信，不要将智力正常的孩子取得的成绩归因于特殊的遗传。坚信能力来自遗传，也许是儿童教育方面最大的谬误。当个体心理学率先指出这一点时，人们认为这只是一个乐观的推测，没有科学依据。不过，现在，越来越多的心理学家和精神病学家开始接受这一观点。遗传太容易成为家长、老师和孩子心目中的替罪羊了。每当出现困难，需要人们努力加以解决时，大家就会搬出遗传来推卸责任。然而，我们没有权利逃避责任，而应始终对那些旨在推卸责任的观点持怀疑和否定的态度。

任何一个相信教育价值的教育工作者，任何一个相信教育能够培养人格的教育工作者，都不可能彻头彻尾地接受能力遗传的学说。这里指的并不是生理上的遗传，我们知道，器官的缺陷甚至器官的性能差异都是可以遗传的。不过，连接器官功能和心理能力之间的桥梁是什么？个体心理学坚持认为，心理会感受到器官所拥有的性能水平，也必须对此加以考虑。不过，有时心理对器官性能的顾虑太多，会受到某种器官功能障碍的惊吓，以至于在器官缺陷消除之后，心理恐惧还会持续很长时间。

人们总是喜欢追根溯源，寻找现象产生的根源。不过，在评价一个人的成就时，这种追根究底的方式很容易产生误导。这种思维模式常见的错误是忽略了祖先的数量，忘了如果我们要建造家谱世系，每一代都有父母二人。也就是说，如果我们追溯到第5代，就有64位祖先，这64个人中无疑会有一位聪明人，足以把后人的才能归因于此。如果我们追溯到第10代，就有4096个祖先，毫无疑问，在这么庞大的人数中，我们至少能找到一个非常有能力的人，从而将后人的才能归因于他。当然，也别忘了，出类拔萃的祖先给予的家族传承也类似于遗传的作用。因此，我们可以理解，有些家族格外人才辈出，毫无疑问，这不是因为基因遗传，而是家族传承的力量。想想过去的欧洲吧，那时每个孩子都被迫继承父亲的职业。如果我们忽略这一社会制度的作用，只统计家族的传承性，数据当然会变得相当可怕。

除了能力遗传的错误观念之外，给孩子带来最大困难的问题是成绩差带来的惩罚。如果一个孩子的成绩不好，就会发现自己不太受老师的喜欢。因此他在学校里很痛苦，回到家里还得遭受父母的惩罚，可能会遭遇责骂甚至挨揍。

学校老师应该清楚糟糕的成绩单带来的后果。有些老师认为，如果孩子不得不把糟糕的成绩单拿给家长，他会因此加倍努力。但是他们忘记了有些家庭的特殊情况。有些孩子的家庭教育极为严格，甚至是苛刻。这种家庭的孩子会很犹豫是否要把成绩单带回家，最后可能根本不敢回家面对父母。在极端的情况下，这样的孩子甚至会因为害怕父母而绝望自杀。

老师当然不用对学校制度负责，但他们大可以用自己的同情与理解适当地缓和过于苛刻的学校制度。教师可以对家庭背景较为特殊的孩子宽容一些，多多给予鼓励，而不是将他们逼上绝路。成绩一直很差的孩子会感到沉重的压力，因为别人总说他是学校最差的学生，导致他自己也会这么认为。设身处地想想看吧，这些孩子不爱上学也很容易理解。如果一个孩子总是受到批评，成绩不好，丝毫不相信自己有赶上别人的可能性，那他当然不会喜欢上学，一定会设法离开学校。因此，如果发现这种孩子逃学旷课，也不必感到过于惊奇。

尽管我们不必为这种情况而惊慌，却也应该意识到它的重要性。要知道，它意味着一个糟糕的开始，如果这种情况发生在青少年时期则尤为危险。这个阶段的孩子足够聪明，可以通过伪造成绩单、逃学等方式来保护自己，这样一来，他们很容易遇到跟自己一类的人，组成帮派，最终走上犯罪道路。

如果我们接受个体心理学的观点，相信没有无药可救的孩子，那么一切问题都有其解决之道。我们相信，总能找到办法来帮助这类孩子。即便在最糟的情况下，也天无绝人之路——但我们必须要努力寻找。

对于学生留级的坏处，几乎不用多说。教师一般都会认为，孩子留级会给学校和家庭带来问题。虽然情况并不完全如此，但例外相当少见。大多数留级生会留级好几次，他们始终落在后面，这是因为问题总被回避了，没有真正得到解决。

如何判断一个孩子是否需要留级，这是个相当困难的问题。很多教师成功地避免了这个问题，他们利用假期来辅导孩子，找出孩子生活模式中的错误并加以矫正，从而让他们顺利升级。如果学校有这种特殊的辅导老师，那么这种方法值得推广。然而，我们有社会工作者，也有家访老师，却很少有这种类型的辅导老师。

德国没有家访教师制度，似乎认为没有这种必要。公立学校的班主任对孩子的了解最为清楚。如果他懂得正确观察，能比其他任何人都更清楚班级的实际情况。有人说班主任无法了解所有学生，因为班级人数太多了。不过，如果你从孩子入学就开始观察，就能很快地认清他们的生活模式，避免许多困难。即使班级人数众多，也能做到这一点。老师越是了解孩子，就越能好好教育他们。班级人数太多当然不是什么好事，应该尽量避免，但这也不是无法克服的障碍。

从心理学的角度看，最好不要像某些学校那样每年或每半年换一次教师，教师最好能跟班前进，随学生进入新的年级。如果教师能和同一批孩子在一起 2 年、3 年或 4 年，这会是一个巨大的优势，这样一来，老师有机会了解所有的孩子，发现每个人生活方式中的错误，并及时加以矫正。

有些孩子会选择跳级。跳级是否有好处，目前尚有争论。很多学生不能满足自己因跳级而唤醒的高期望值。只有那些在班上年龄较大且成绩出色的孩子，才应该考虑跳级。比如说，一个孩子曾经因落后而留级，后来有所提高，成绩变得相当不错，就可以考虑跳级。我们不能因为学生学习成绩好或懂得比别人多，就把跳级作为一种奖励。如果这些聪明的孩子将一些时间花在课外学习（如绘画、音乐等），那会更有好处。聪明的孩子对全班都有好处，可以刺激其他人的前进动力。把班级中的好学生抽走并非好事。有人说，我们应该坚持促进优秀、聪明的孩子的发展，对此，我们并不认同。我们更相信优秀的孩子能推动整个班级共同前进，赋予全班学生更大的发展动力。

观察快班和慢班学生的发展情况也很有意思。令人惊讶的是，快班中一些学生的智力存在问题，而慢班的学生也不像很多人认为的那么傻，只是出身贫困家庭而已。贫困家庭的孩子往往在学校里被人视为蠢笨，其实是因为他们对入学缺乏准备性。这很容易理解。他们的父母有太多的事情要做，没有时间关注孩子；或是没有受过良好的教育，不懂得如何教育孩子。这种缺乏准备的孩子不应该被放进慢班，对孩子来说，进入慢班是一种耻辱，总会受到同伴的嘲笑。

照顾这些孩子的更好方法就是发挥前文所述辅导老师的

作用。除此之外，我们还应该设立儿童俱乐部，让孩子有机会接受额外的辅导。他们可以在这里做作业、玩游戏、看书，从而锻炼勇气，获取自信，不像在慢班学习那样只能收获沮丧。如果再给这些俱乐部配上更多的游戏场地，就完全能使孩子们远离街头，远离不良环境的影响。

许多关于教育实践的讨论也都会提到男女同校教育的问题。有人指出，原则上我们应该促进男女同校的发展，这是一个让男孩和女孩加深了解的好方法。不过，我认为，任由男女同校教育大肆发展的观点存在很大问题。男女同校教育涉及一些特殊问题，必须慎重考虑，否则，其缺点就会盖过优点。例如，人们往往忽视了一个事实，在 16 岁之前，女孩子比男孩发育成长得更快。如果男孩没有意识到这一点，那么，发现女孩比他们快的时候就会心理失衡，与女孩展开一场毫无意义的竞赛。学校的管理者和任课教师都必须考虑到这一事实。

喜欢男女同校、了解男女同校问题的教师可以成功地实现它，然而，如果教师不喜欢男女同校，感到这种制度是个负担，那么，这样的教育教学活动就会失败。

如果男女同校的制度没有得到适当的管理，又缺乏对孩子们的正确引导和监督，那就必然会出现性方面的问题。我们将在第 12 章中更详细地讨论性教育相关问题。这里要指出，学校性教育是一个复杂的问题。事实上，学校并不是性教育的合适场所，因为老师面对全班同学谈论性问题时，他不知道个别学生有何反应。如果学生私下向老师打听情况就不同了，若有女生向老师询问性方面的问题，教师应该给予正确回答。

在偏离主题讨论了一些教育管理方面的问题之后，我们再回到本章的核心问题。通过了解儿童的兴趣，找出他们擅长的科目，我们总可以找到教育孩子的方法。没有什么比成功更能引发成功的了——教育是这样，对人生的其他方面也是如此。也就是说，如果一个孩子对某一科目感兴趣，并且获得了成功，就会受到激励，尝试去学好其他科目。教师的职责就是用学生的成功去激励他获得更多知识。可以说，正如所有人从无知到知识提升的过程中必然需要帮助一样，只有学生自己不知道如何能使自己脱颖而出。老师能在这方面给予学生帮助。如果他做到了，就会发现，学生也能明白这一点，并予以积极配合和合作。

关于找出孩子感兴趣科目的讨论，也适用于儿童的感觉器官。我们必须找出哪种感觉器官最常用，哪种感觉最吸引儿童。许多孩子在视觉方面受到良好的训练，另一些孩子则在听觉、动觉方面受到良好训练，等等。近年来，所谓的手工学校开始受到人们的青睐，这些学校重视将教学和眼、耳、手训练相结合。这些学校的成功表明了利用儿童感官兴趣的重要性。

如果老师发现某个孩子属于视觉类型，就应该明白，他更擅长用眼睛观看的科目（如地理）。对这样的孩子来说，自己去看比听课的效果更好。这只是老师观察学生所获得的认识之一，还可以通过观察获得其他类似的认识。

总之，理想的教师具有神圣而激动人心的使命：他塑造孩子们的心灵，掌握着人类的未来。

但我们如何从理想走向现实呢？仅仅构建教育理想是远远不够的，还必须找到一种方法来促进理想的实现。很多年前，笔者就在维也纳开始寻找这样一种方法——结论就是，我们应该在学校里建立教育咨询室。

咨询室的目的是将现代心理学知识服务于教育系统，在某些特定的日期举办咨询活动，邀请一位既了解心理学也了解教师和家长生活情况的杰出心理学家，与教师们一起参与活动。在会场上，每个教师都提出一些问题儿童的具体案例，包括懒惰、破坏课堂纪律、偷窃等。教师讲述完具体案例之后，由心理学家提出相关的经验和知识，然后展开讨论。问题的原因是什么？问题是什么时候出现的？应该如何处理？这需要对孩子的家庭生活和整个心理发展过程加以分析，最后将全部信息综合起来，由小组讨论决定对这个孩子应采取什么样的具体措施。

第二次咨询活动需要邀请这个孩子及其母亲参加。在确定对母亲做工作的具体方式后，先与母亲谈话。将孩子遇到问题的原因解释给母亲，再由母亲讲述她所知的情况，然后与心理学家一同讨论。一般来说，大部分母亲乐于进一步了解自己的孩子，也会很配合工作。如果这位母亲并不友好，表露出敌意，老师或心理学家可以讨论一些类似的案例或其他母亲的情况，直到阻力得到化解。

最后，当确定对待孩子的方案之后，就可以邀请孩子进入咨询室，与老师、心理学家见面。心理学家和他交谈，但不需要提到他的错误。心理学家就像在讲课一样，用孩子能理解的方式客观分析问题、找到问题成因和导致其受挫的观念和想法。帮助孩子认识到自己为什么感到受挫，而其他孩子在学校更加如鱼得水；为什么感觉自己不可能成功，等等。

这种咨询方法持续了近 15 年，受到训练的教师对此都很满意，也不想放弃这一坚持了 4 年、6 年或 8 年的项目。

孩子们从咨询活动中得到了双重收益：原先的问题儿童恢复了心理健康，学会了与人合作，恢复了面对未来的勇气。那些没有进入咨询室的学生也受益匪浅，当班级里个别学生出现潜在问题时，教师会建议孩子们共同讨论。讨论当然由教师来主导，但学生也都有充分的机会参与并发表自己的见解。他们会分析某些问题（如班上的懒虫）的成因，最后给出结论。虽然班上的懒惰孩子不知道自己就是被讨论的对象，但也可以从大家的意见中收获良多。

在此，我简单地介绍了教育咨询室制度，给出了将心理学与教育相结合的可能性。心理学与教育是针对同一现实、同一问题的两个方面，要塑造人心，我们就得了解心理运行机制。只有真正了解心理学的人才能运用相关知识，引导孩子走向更高远、更具普世价值的目标。

11

外在环境的影响

个体心理学在心理和教育方面视野广阔，不会忽略外在环境的影响。传统的内省心理学在这方面较为狭隘，只关注个体心理，为了补充其不足之处，冯特认为有必要创建一门新学科——社会心理学。不过，个体心理学认为没有这个必要，因为我们既注重个体心理，也关注外在的影响因素，绝不偏废。

任何负有教育职责的人或教师都不应认为自己是孩子的唯一教育者。外界的影响也会涌入孩子的心灵，直接或间接地塑造孩子。也就是说，外界因素通过影响父母及其心理状态，从而影响到儿童心理。外在影响无法避免，因此必须将其纳入考虑范围。

首先，所有教育者都必须考虑到经济因素。例如，我们必须记住，有些家庭世世代代生活艰难，总在痛苦地挣扎求生。他们深受这种悲伤和痛苦的影响，无法教育孩子拥有健康和合作的态度。他们的心灵饱受磨难，在为吃不饱穿不暖发愁的时候，人类很难发展出合作的心态。

同时，我们也不能忘记，长期的半饥饿或恶劣的经济环境影响着父母和孩子的生理状态，而生理又会反过来对心理产生重要影响。我们能在战后欧洲出生的孩子身上看到这一点。他们的出生和成长环境比前几代人更艰难。除了经济状况及其对儿童发展的影响外，我们也不要忘记父母对生理卫生的无知所造成的影响。这种无知与父母怯懦、溺爱的态度密不可分。父母想宠爱孩子，害怕给他们带来任何痛苦。不过，有时他们又很粗心，例如，有些父母认为脊柱变形会随着年龄增长而消失，于是没有及时带孩子去看医生。这当然是个错误，尤其是在不缺乏医疗服务的城市。一些生理状况如果没得到及时治疗，可能发展成严重且危险的疾病，也可能留下心理创伤。所有的疾病在心理上都是“危险的暗礁”，应该尽量避免。

如果这些“危险的暗礁”无法避免，那就可以通过培养儿童的勇气和社会情感来降低其危险性。事实上，可以说，孩子只有在缺乏社会情感的情况下才会受到疾病的心理影响。儿童如果感到自己是环境的一分子，就不会像娇生惯养的孩子那么容易受到危险疾病的影响。

病例显示，百日咳、脑炎、舞蹈病等疾病患儿往往会出现心理问题，很多人认为是这些疾病导致了心理问题。但实际上，疾病只是让这些孩子潜在的性格缺陷展现出来。在生病期间，孩子感受到了自己的力量，发现自己能借此控制全家人。他看到了父母脸上的恐惧和焦虑，知道这一切完全是因为他自己。病愈之后，他仍想继续成为人们关注的焦点，并试图用心血来潮的要求来支配父母。当然，这种情况只会发生在从未接受过社会情感训练的孩子身上，因为他们需要以此来表现自我。

另外，有趣的是，疾病有时也能促成儿童的性格得到改善。一位教师的次子可以作为例子。这位老师一直很关心他，却不知道该拿这孩子怎么办。他有时会离家出走，而且总是班上成绩最差的学生。一天，正当父亲要送他去教养院管教时，男孩被发现患上了髋关节结核。这是一种需要父母长期照料的疾病。当这个男孩终于康复时，他成了家里最好的孩子。这个男孩所需要的就是额外关注，疾病恰好令他得到了这种关心。他以前之所以不听话，是因为总觉得自己处在聪明的哥哥阴影之下。因为他不像哥哥那样被人欣赏，所以总在不断抗争。但疾病使他相信，自己也能像哥哥一样得到父母的关爱，于是他就学会了用良好行为来获取父母的关注。

还应指出的是，儿童往往对自己所经历的疾病印象深刻。对于重病和死亡等事件，孩子们会感到十分震惊和震撼。疾病留在他们脑海里的印记，会在后来的生活中显现出来，因为我们发现许多人只对疾病和死亡感兴趣。其中一部分人会找到正确的方法来发挥自己对疾病的兴趣，比如成为医生或护士；但还有许多人始终战战兢兢，疾病成为他们心中难以磨灭的阴影，阻碍了他们的有益工作。一项对100多名女孩的调查显示，近50%的女孩承认，她们一生中最大的恐惧是想到疾病和死亡。

家长们应该注意，不要让孩子在童年阶段对疾病留下太深印象。他们应该让孩子对这些事实做好准备，避免突然受到冲击。要给孩子留下这样的印象：生命虽然有限，但也足够让人一展抱负。

童年生活的另一个“危险暗礁”是与陌生人、熟人或家人的朋友碰面。与这些人接触之所以会对儿童心理产生不良影响，是因为他们不是真的对儿童感兴趣。他们喜欢逗孩子开心，或做一些能在短时间内对他们产生很大影响的事情。他们大力表扬孩子们，因而使儿童感到骄傲。在很短的相处时间内，他们尽可能地纵容孩子，从而给真正的监护人和教育者带来许多麻烦。这些问题都应该尽力避免，不要让外人干扰父母的教育方法。

另外，陌生人还时常弄错孩子的性别，将男孩称为“漂亮的小姑娘”，或是将女孩当作男孩。这一点也应该避免，理由会在“青春期与性教育”一章中具体讨论。

家庭与环境的关系对儿童的成长当然很重要，因为它能让孩子们知道家庭参与社会生活的程度。换言之，这给了他们关于合作的最初印象。在与世隔绝的家庭中长大的孩子，往往会在家人和外人之间画出绝对的界线，好像有一条鸿沟将家和外界划分开来，所以他们当然会用敌对的眼光来看世界。与世隔绝的家庭生活不能促进孩子的社会关系，而会让孩子疑心重重，只为自己的利益着想，从而阻碍社会情感的发展。

3 岁的孩子应该已经准备好和其他孩子一起玩游戏，不会被陌生人吓坏。否则，孩子以后会变得害羞、自我，对他人怀有敌意。这通常会发生在娇生惯养的孩子身上，他们总想“排斥”别人。

如果父母早早纠正了这些毛病，一定会给孩子的未来省去许多麻烦。如果一个孩子在三四岁之前接受了良好的养育，被鼓励与其他孩子一起玩耍，具有团队精神，他长大后就不会在与人交往时过度羞怯、自私自利，也不容易患上神经症甚至精神错乱。只有那些生活封闭、对他人不感兴趣、无法与人合作的人，才容易患上精神错乱和神经症。

在讨论家庭环境相关问题时，还应该提到家庭经济环境的变化对儿童的不良影响。富裕之家陷入贫困（特别是在孩子很小的时候出现变故），显然会给孩子的成长带来负面影响。这样的情况对娇生惯养的孩子来说是最难应对的，因为他没有准备好面对变化，现在他不能像以前那样受到重视了。他免不了总在怀念过去的美好，为之痛惜不已。

反过来，一夜暴富也可能对孩子的成长产生不利影响。这样的父母可能没有准备好合理地使用财富，尤其容易在给孩子花钱方面犯错。他们想给孩子美好的生活，尽可能地宠爱孩子，因为他们觉得自己现在不需要在钱财上吝啬了。结果，我们经常在新富家庭中发现问题儿童。暴发户的儿子往往就是问题儿童的典型代表。

如果能适当地训练儿童的合作精神与能力，这些问题乃至灾难都是可以避免的。外在环境像一扇扇敞开的门，孩子们夺门而出，逃避了必要的合作训练，对此我们必须保持高度关注。

儿童不仅会受到异常物质环境（如乍贫或暴富）的影响，异常的心理环境也会对他们造成负面影响。首先应考虑的是家庭状况所产生的心理偏见。这些偏见可能源于家庭成员的个人行为，例如，父亲或母亲做了一些不光彩的事情，孩子的心理会受到很大的影响。孩子会对未来充满恐惧，总想躲开同伴，害怕被发现自己有这样的父母。

父母不仅有责任教孩子阅读、写作和算术，还要创造健康成长的心理氛围，使他不必比别的孩子承受更大的困难。因此，如果父亲是个酒鬼，或者脾气暴躁，他必须明白，这一切都会影响到自己的孩子。如果父母婚姻不幸福，经常吵架，付出的代价也是自己孩子的成长。

这些童年经历烙印在孩子的灵魂，很难忘记。当然，如果他受到了良好的合作训练，也可以消除这些影响。然而，正是这些经历导致孩子难以从父母那里得到训练。这就是近年来学校儿童成长辅导室兴起的原因。如果父母因为某种原因而不能履行自己的职责，那么，这一任务就应该由受过心理训练的老师来接手，指导孩子过上健康的生活。

除了因个人情况而产生的偏见外，还有因国籍、种族和宗教而产生的偏见。人们总会发现，这种偏见不仅影响到被羞辱的孩子，也会影响其他人，甚至包括那些羞辱的实施者。侮辱别人的孩子会变得傲慢自大，相信自己属于特权群体，并试图在生活中实现自己树立的特权，最后只能以失败告终。

民族和种族之间的偏见往往是战争的根本原因。如果要拯救人类的进步和文明，就必须消除这种酿成巨大灾难的根源问题。老师的任务是阐明战争的真实根源，而不是给孩子一个简单而廉价的机会，放任他舞枪弄棒表达自己的优越性，这不是为文明生活做的适当准备。由于童年的军事教育，有许多男孩参军；但除了那些参军的男孩之外，还有数以百计的男孩由于童年的打仗游戏而出现持续一生的心理缺陷。他们总像战士一样好勇斗狠，从来不会与同伴相处。

在重大节日来临时，家长们应该特别注意送给孩子的玩具类型。尽量不要鼓励孩子玩武器和战争游戏，也不要给他们阅读崇拜战争英雄和战斗事迹的书籍。

关于如何选择合适的玩具，值得说的问题很多，最需要把握的是一个原则，我们应该选择能激发孩子合作精神、建设能力的玩具类型。很容易想象，能让孩子动手创造的游戏当然比摆弄现成的玩具（如摸摸洋娃娃或狗玩偶）更有价值。顺便一提，我们应该教育孩子们不要把动物当作玩具或游戏，而是看作人类的朋友，孩子不应该害怕动物，也不要任意驱使或虐待它们。如果孩子表现出虐待动物的倾向，他也可能会出现控制、欺负比自己弱的人的欲望。如果家里有鸟、狗、猫等小动物，我们应该教育孩子把它当作生命去爱护，明白动物和人类一样，也能感受到痛苦的存在。孩子学会与动物相处，可以看作他们与人进行社会合作的准备阶段。

孩子无法离开各种亲戚。首先是祖父母，我们必须客观公正地看待祖父母的困境和处境。在我们的文化中，祖父母的处境颇具悲剧色彩。随着年龄增长，人们本该有更大的发展空间，有更多的事务和兴趣。但在我们的社会里恰恰相反。可以说，老年人往往觉得自己被社会抛弃，被放逐到了角落。遗憾的是，如果这些人有更多的工作和奋斗的机会，他们完全可以取得更多的成就，获得无限的快乐。我们不应该建议一个 60 岁、70 岁甚至 80 岁的人退休。继续他原本的事业，远比彻底改变生活方式容易得多。但由于我们错误的社会习俗，老人们总在充满活力的时候就被迫退了下来，失去了自我表达的机会。结果会怎么样？我们对待老人时所犯的错误累及了孩子。祖父母总是试图证明（他们本来不必如此）自己仍然充满活力，仍然很有价值。为了证明这一点，他们总是在干扰孙子孙女的教育，以一种灾难性的方式去证明自己懂得抚养孩子，那就是对孩子呵护备至，纵容溺爱。

我们应该避免伤害这些善良老人的感情，也应该给他们更多活动的机会，但要让他们知道，儿童需要作为独立的个体成长，而不该成为其他人的玩物，不应利用孩子来解决家庭的其他纠纷。如果祖父母和父母发生争论，输赢都不重要，但千万不要完全顺从祖父母的方式教育孩子。

我们经常发现，心理疾病患者大多曾是祖父或祖母的心头肉！很容易理解为什么祖父母的过度宠爱会导致孩子后来的心理疾病。因为祖父母的偏袒要么意味着过度纵容，要么意味着挑起孩子间的竞争和嫉妒。很多孩子会告诉自己，“爷爷最爱的人就是我”，这样一来，他们一旦没能成为别人的最爱，就会备感受伤。

在其他扮演重要角色的亲戚中，拥有“特别聪明的表兄弟姐妹”也可能给孩子的成长带来大麻烦。有时他们不仅非常聪明，而且还特别漂亮。我们可以很容易地看出，总告诉孩子“别人家的某某多么聪明、漂亮”，孩子会有多苦恼。如果这个孩子有自信和社会情感，他就会明白，所谓聪明只意味着对方“获得了较好的训练或准备”，自己也能找到赶上去的方法。但如果他像大多数人那样相信，天才是大自然的祝福，聪明是天生的，那他就会感到自卑，感叹命运不公。这样一来，他的整个成长就会受到阻碍。至于美，这当然是自然的礼物，但它的价值在我们的文明中一直被高估了。我们也可以从儿童的生活方式中看到这种错误，一个孩子会因为长得不如表亲好看而深感痛苦，产生不良的心理影响。哪怕在 20 年后，人们仍然能强烈地感到童年时对漂亮表亲的嫉妒感。

要解决这种因他人的美貌而给孩子成长带来的伤害，唯一的办法就是让孩子明白，健康、与人相处的能力都比外在美更重要。无可否认，美是有价值的，与丑陋的外表相比，我们都更愿意拥有美丽的容貌。不过，我们在对生活中任何事物进行理性规划时，都不应将一种价值与其他价值割裂开来，也不应将其视为最高目标。美当然也不例外。我们发现，在犯罪者中，既有面目丑陋之人，也有相当英俊漂亮的孩子。这一事实证明，美不足以使人过上理性而美好的生活。我们可以理解这些外表优越的孩子为什么会走上犯罪之路：他们知道自己好看，认为一切都能轻松获取，毫不费力。因此，他们没有为生活做好适当的准备。然而，后来他们发现不努力无法获得想要的东西，于是就选择了一条相对最容易的道路，那就是犯罪。正如诗人维吉尔所说，“通往地狱的路最为轻松……”

我们还应该就孩子的阅读问题稍作讨论。应该给孩子们读什么样的书？童话故事要怎么处理才能给孩子读？像《圣经》这样的书应该怎么读给他们听？我们通常忽略了这样一个事实，即孩子理解事物的方式与成人完全不同。我们也常常忘记，每个孩子都是按照自己特定的兴趣类型来理解事物的。如果他是一个胆小的孩子，他会在《圣经》和童话中寻找证实他胆小的故事，从而导致他总是怯懦不前。童话故事和《圣经》段落需要加上评论和解释，帮助孩子真正理解其意义，而不是让他随意主观臆测。

童话当然是令人愉快的读物，哪怕是成年人也可以从中获益。但有一点需要指出，如今的孩子对产生于特定时间和地点的童话故事感到陌生，一般很难理解其中的时代差异和文化差异。他们读的童话故事来自一个与现代完全不同的时空，世界观具有相当大的差异。故事里总有一个王子，王子总是受到赞扬和夸耀，显得十分迷人。当然，这种故事全是虚构，但它代表了一种理想化的虚构，这种理想化在需要崇拜王子的年代十分合宜，现在则不一样了。我们应该将差异告诉孩子们，告诉他们这些神奇故事背后是人们的幻想，否则，他们可能在长大后总想寻找一条毫不费力的捷径。例如，有人问一个 12 岁的男孩未来想成为什么，他回答："我想成为魔法师。"

如果加上恰当的评论，童话有助于教育儿童获得合作精神，也有助于扩大孩子们的视野。关于电影，可以说，1 岁的孩子看什么电影都问题不大，但稍大的孩子就很容易误解电影的含义，哪怕是童话剧也不例外。举个例子，一个 4 岁的孩子看了一部童话剧，多年以后，他仍然相信世界上有卖毒苹果的女人。许多孩子不能正确地理解电影主题，或者会对电影做出草率概括。家长应该对此加以解释，直到确定孩子正确理解了整个故事。

报纸也是一种外在影响因素，但未必会影响到孩子。报纸是为成人写的，并不反映孩子的观点。不过，也有一些专门针对儿童的报纸，这当然是有益的。但是普通的报纸常给毫无准备的孩子提供扭曲的生活画面，使这些孩子相信生活中充满了谋杀、犯罪和意外事故。事故报告尤其会让孩子感到沮丧。我们可以从很多成年人的话语中得知，他们在童年时多么害怕火灾，这种恐惧持续困扰着他们的心灵。

上文仅选取了父母和教育者在教育孩子时必须加以考虑的几个方面，它们只是影响儿童成长的外部因素的一小部分，但却是最重要的部分，说明了这些因素影响儿童成长的一般原理。个体心理学家不断重复最基本的两个概念，“社会兴趣”和“勇气”。在这里，这两个基本概念同样适用。

12

青春期与性教育

关于青春期的论著数不胜数。这个主题确实很重要，但并不完全是人们想象中的那样。每个人在青春期的表现不尽相同，我们会在班上发现各种各样的孩子：有的努力奋斗，有的懒惰笨拙，有的整洁干净，有的邋遢散漫。我们还发现，有些成年人（甚至是老人）的行为举止仍然像青春期的孩子。从个体心理学的观点来看，这并不奇怪，只是意味着这些成年人在青春期阶段停止了成长。事实上，对于个体心理学来说，青春期只是一个发展阶段，所有个体都必须经过这个阶段。我们不相信任何发展阶段或遭遇的任何情况能改变一个人。它们作为一种新情况，只是起到了考验的作用，将过去形成的性格特征揭示出来。

比如，有些孩子童年时被密切关注和观察，没有太大的力量，也不能表达自己的想法。一旦到了青春期这个生理和心理快速发展的阶段，他们就如脱缰野马一般快速前进，人格稳步发展。相反，有些孩子在青春期停了下来，频频回顾、依恋过去，找不到正确的方向。他们对生活丧失了兴趣，变得矜持内向。对他们来说，青春期不是将童年的压抑释放出来的阶段。这些孩子在童年备受溺爱，因而被剥夺了对生活的适当准备。

在青春期，我们比以往任何时候都能看出一个人的生活方式。当然，原因是青春期比童年更接近成年生活，可以更清楚地看到他对科学的态度，是否能轻松地交朋友，是否具有社会兴趣。

有时，这种社会兴趣非但没有在青春期消失，反而表现得有些夸张，一部分青少年失去了平衡感，一心只想为他人牺牲自己。他们的社会兴趣过于强烈，可能会阻碍自己的成长。我们知道，如果一个人真的对别人感兴趣，愿意为公共事业而奋斗，就必须首先照顾好自己。如果他要为社会贡献价值，就必须先拥有价值。

同时，我们会看到许多 14—20 岁的青少年完全失去了社会兴趣。他们 14 岁时就离开了学校，因而与老同学、老朋友都失去了联系，又需要很长时间才能建立新的人际关系。在这段时间，他们会感到完全孤立。

接下来是职业问题。青春期会揭示一个人在生活中形成的职业态度。我们会发现，一些青少年变得非常独立，工作也很出色，说明他们走上了正确的发展道路。相反，有些人在这段时间里停滞不前，找不到适合自己的职业。他们总在换工作、换学校，否则就会无所事事，根本不想工作。

这些问题不是在青少年时期产生的，只是在这一时期更清楚地显现出来。症状早在过去就已经形成了。在青春期阶段，孩子有独立表达自我的机会，而不是像童年那样持续受到监视、保护和限制。如果我们真的了解一个孩子，就能预测他在青春期时的表现。

我们来谈谈生活中的第三个基本问题：爱情和婚姻。青少年对这个问题的回答揭示了他人格中哪些部分呢?与前文一样，人格仍然在青春期前就已形成，只不过青春期强烈的心理活动使答案更加清晰、明确。我们会发现，有些青少年完全知道自己应该如何表现，对待爱情应该浪漫抑或勇敢。不论是浪漫还是勇敢，他们都找到了正确对待异性的行为规范。

还有些青少年处于另一个极端。他们对性十分羞怯。越接近真实的成年生活，他们就越表现出对性的问题缺乏准备。他们在青春期的人格表现让我们能够对其未来的行为过程做出可靠判断，也知道如果我们想改变他们的未来生活，应该采取什么措施。

如果一个青少年对异性表现出非常消极的态度，只需追溯他过去的生活，就会发现他可能曾是个好斗的孩子，也可能曾因父母偏爱别的兄弟姐妹而感到十分沮丧。因此，他认为现在的自己必须勇往直前，傲慢自大，拒绝一切情感的呼唤。也就是说，他对异性的态度是他童年经历的一种反映。

我们时常发现，许多青少年都有离家出走的愿望。这是因为他们对家里的情况感到不满，寻求机会断绝与家庭的关系。他不想再从家里获取资助，虽然这种供养对孩子和父母都很有好处。如果孩子没有获得家庭资助，一旦出了问题，他们就会把自己的失败归因于缺乏父母的帮助。

离家的倾向还可能有其他较弱的表现方式，这些孩子虽然住在家里，却会利用一切可能的机会在外过夜。当然，如果孩子认为晚上出去找乐子比待在家里更有吸引力，这也是对家庭无声的指责。这是一个迹象，说明孩子在家里感觉不到自由，总是受到保护和监视，导致他从来没有机会表达自己，也没有机会发现自己的错误。青春期是个危险的时期，孩子从这一阶段开始努力表现自我。

进入青春期后，许多孩子比以前更强烈地感到自己失去了他人的欣赏。也许他们以前在学校一直是好学生，受到老师的高度赞赏，然后突然进入了新学校、新的社会环境或新的职业。我们知道，很多优秀的学生在青春期没能继续保持优秀。他们似乎经历了一场变化，但实际上并没有什么翻天覆地的改变，只是旧的情况并没有像新的情况那样真实地展现出他们的性格。

综上所述，预防青春期问题的最好办法之一就是培养友谊。孩子们应该成为彼此的好朋友和好伙伴，交友范围不应局限于家庭成员，也包括家庭之外的人。家庭成员之间应该相互信任。孩子也应该信任父母和老师。事实上，在青少年时期，只有一直与孩子当朋友的父母和老师，才能继续引导他们。如果家长或老师没能与孩子成为朋友，却想对他指手画脚，就会立即被拒之门外。青春期的孩子不会向他吐露任何秘密，而会将之视为局外人，甚至是敌人。

到了青春期，一部分女孩子会显露出对女性角色的厌恶，她们会试图模仿男孩。当然，模仿男孩的恶习（如吸烟、喝酒和拉帮结派）比努力上进容易得多。这些女孩会找借口说，如果她们不模仿这些行为，男孩们就不会对自己感兴趣。

如果对青春期女孩的这种男性抗议进行分析，我们会发现，这些女孩从幼年起就不喜欢女性角色，只不过当时这种厌恶被掩盖了，在青春期才清楚地表现出来。因此，观察青春期女孩的行为十分重要，只有这样，我们才能了解她们对未来性别角色的看法。

青春期的男孩往往喜欢扮演非常聪明、勇敢而自信的男人角色。不过，也有些男孩子不敢面对自己的问题，不相信自己能成为真正的、完善的男人。如果他们过去曾在男性角色教育上存在任何缺陷和不足，这时都会表现出来。他们可能十分柔弱，喜欢表现得像女孩子，甚至会模仿女孩子撒娇、卖弄风情等。

与女性化相比，我们也可以发现，有些男孩极端男性化，将男性的人格特征发展为极端的恶。他们酗酒、纵欲，甚至只为表现、夸耀自己的男子气概而犯罪。这种恶习也常常表现在那些想获得优越感、想当领袖、想引人注目的男孩身上。

尽管这种类型的男孩可能虚张声势，表现出雄心壮志，但他们的内心深处往往较为怯懦。近年来，美国出现过一些臭名昭著的例子，如希克曼 (Hickman)、利奥波德 (Leopold) 和勒布 (Loeb)。研究一下这些人，我们会发现他们总在追寻某种轻松的生活，希望毫不费力获得成功。这些人虽然积极主动，但却不够勇敢，恰恰可能导致犯罪。

我们经常发现，有些孩子会在青春期第一次殴打父母。如果不去寻找这种行为背后隐藏的统一性，人们可能会认为这些孩子突然变了。不过，如果我们对以前发生的事情进行研究，就会发现这孩子的性格完全没变，只是他现在拥有了更大的力量和更多的行动可能性。

另一个需要考虑的问题是，在青少年时期，每个孩子都面临着这样一个考验，即他感到必须证明自己不再是一个孩子了。这当然是一种非常危险的感觉，因为每当我们觉得必须证明什么的时候，就很可能会走得太远，做得太过。青春期的孩子当然也不例外。

这确实是青春期最显著的症状。而消除这种症状的方法是向年轻人解释，他不必向我们证明自己不再是个孩子，我们不需要这种证明。这样或许能避免前面所提到的过火行为。

我们经常发现，有些女孩会夸大对男孩的喜爱，甚至成为“花痴”。这些女孩总是和母亲吵架，总认为自己受到了压抑（也许真的被压抑了）；为了惹母亲生气，她们会随意和遇到的任何男人发生关系。一想到母亲发现之后的痛苦，她们就很高兴。许多因为和母亲吵架或父亲太严厉而离家出走的少女，还会毫不审慎地与男人发生初次性行为。

讽刺的是，对女儿过度监管的父母，本来希望将女儿培养得很好，结果她却因为父母缺乏心理洞察力而变坏了。错误不在于女孩，而在于父母，因为他们没有让女孩们为未来必然遭遇的情境做好充分的准备。在青春期之前，他们对女儿过度保护，却没有培养出她们应付青春期陷阱所必需的判断力和独立性。

有时，问题没有出现在青春期，而是发生在青春期之后，如婚姻之中。其中的原理是一样的，只是这些女孩比较幸运，没有在青春期遇到此类不利情况而已。但不利的情况迟早会出现的，我们必须提前做好准备。

我们可以引用一个案例来具体说明青春期少女的问题。这个案例中的少女 15 岁，来自一个非常贫穷的家庭。不幸的是，她有一个总在患病的哥哥，必须由母亲照顾。这样一来，女孩很早就感觉父母更关注哥哥，而不是自己。更复杂的是，她出生后不久，父亲也生病了，于是母亲必须同时照顾父亲和哥哥。这对缺乏关注的女孩而言，无疑是雪上加霜。她看到哥哥和父亲受到关注和照顾，内心也强烈渴望得到别人的关心和赏识。她在家里找不到关爱，尤其是很快又出生了一个小妹妹，最后那一点点的关注也被剥夺了。就像是命运的玩笑，妹妹出生后，父亲康复了，所以妹妹获得的关爱远比她小时候多。这些事情都逃不过孩子的双眼。

为了弥补父母关注的缺乏，这个女孩在学校努力学习，使自己成为班上最好的学生。由于她成绩很好，大家都建议她继续好好学习，去读高中。但当她进入高中时，情况发生了变化。她的成绩变差了，因为新老师不认识她，当然也不会欣赏她。而她极度渴望得到欣赏和关爱，但现在不仅在家里得不到，在学校也缺失了。她必须在某个地方得到别人的欣赏，于是出去寻找能欣赏自己的男人。她和一个男人同居了两周，然后对方就厌倦了她。后来的情况可想而知，她意识到，这不是她想要的欣赏和关爱。同时，家人十分担心她的安全，并开始寻找她。突然，他们收到女孩的来信，信上说："我服了毒。别担心我——我很开心。"显然，在追求幸福和欣赏的过程中遭遇失败后，自杀是她下一个想法。但她并没有真的自杀，只是用自杀来吓唬父母，以此获得他们的原谅。她继续在街头流浪，直到母亲找到她，将她带回家。

如果女孩像我们一样清楚，自己一生都在努力追求关爱，那么所有这些事情就不会发生。如果高中老师能意识到，女孩学习一直很好，她所需要的只是一点欣赏和关爱，这场悲剧也就不会发生了。如果我们在事情发生的任一环节采取了恰当措施，都能有效阻止她走向自我毁灭。

这就引出了性教育的问题。性教育的主题近来被严重夸大了。甚至可以说，很多人对性教育问题的态度简直十分疯狂。他们主张在任何年龄段都进行性教育，并夸大了性无知的危险。但如果我们回顾自己和别人的过去经历，会发现困难和危险其实没有他们所说的那么大。

个体心理学的经验告诉我们，应该在孩子 2 岁时告诉他们是男孩还是女孩，同时也应该向孩子解释，性别是不会改变的，男孩长大后是男人，女孩长大后是女人。孩子了解了这些知识，即便缺乏其他性知识也没有那么危险了。我们要让孩子明白，女孩的教育方式与男孩不同，反之亦然。这样一来，性角色就会在他脑海中固定下来，孩子会以正常的方式来发展和准备自己的性别角色。相反，如果他相信，通过某种手段他可以改变自己的性别，或者父母总是想改变孩子的性别，那么麻烦就会产生。在《寂寞之井》（*The Well of Loneliness*）等文学作品里，我们可以看到这种情况。许多父母喜欢把女孩当男孩养，或是反过来。为了好玩，他们让男孩穿女孩的衣服，或让女孩穿男孩的衣服，为他们拍照留念。有时，女孩看起来像是男孩，周围的人便开始以男孩称呼她。

这可能会引起很大的紊乱，而这种紊乱本来完全可以避免。

我们还应避免一切男尊女卑的论调，要让孩子明白男女平等，两性都具有同等的价值。这不仅可以防止女孩产生自卑情结，也能阻止对男孩产生不良影响。如果家长不给男孩传递男尊女卑的价值观，他们就不会只把女孩看作欲望的对象。如果他们能早早意识到自己未来的责任，也就不会以丑陋的眼光看待两性关系。

换句话说，性教育的真正问题不仅仅是向孩子们解释性的生理知识，还涉及培养孩子正确的爱情观和婚姻观。这与社会适应问题密切相关。如果一个人不适应社会，就会对性保持玩世不恭的态度，完全从纵欲的角度看待与性有关的事物。这种情况时常发生，也反映了我们文化的缺陷。女人之所以受害，是因为我们的文化更有利于男人扮演主角。然而，男人实际上也会因此受苦，因为这种虚构的优越感让他们失去了对基本价值的关注。

至于性教育的生理知识，孩子们没必要太早接受这方面的教育。我们可以等到孩子开始对此好奇，想知道性方面的某些情况，再去告诉他们。如果孩子太害羞，不好意思发问，那么，关注孩子需求的父母应该也会发现什么时候该主动教育。如果孩子把父母当成朋友，他会问相关问题，而父母必须以孩子能理解的方式给出答案，同时，还得避免给出可能会刺激其性冲动的答案。

另外，如果孩子明显表现出过早的性本能，也不必过于惊慌。性发育开始得很早，事实上，从出生后的最初几周就已经开始了。完全可以肯定，婴儿也会经历性快感，有时他会故意刺激敏感区域。如果看到了这样的迹象，我们不必害怕，应该尽力制止这些行为，同时也不要显得太过重视。如果孩子发现我们对这些事情过于担心忧虑，他们就会故意继续这么做，目的是引起大人的关注。这些行为常常会使我们认为孩子已经沦为性冲动的受害者，而实际上，他们只是将这种习惯当作炫耀的工具。一般来说，小孩子玩弄自己的生殖器是为了获得注意，因为他们知道父母害怕这种做法。这和孩子装病的心理是一样的，因为他们发现，一旦自己生病了，就能得到更多的宠爱和关怀。

为了避免刺激孩子的身体，父母不应该给予他们过多的亲吻和拥抱。这对孩子很不好，尤其是处于青春期的孩子。我们也不应从心理上刺激孩子的性意识。孩子经常会在父亲的书房里发现一些无聊的黄色图片。我们在心理咨询室也时常听到这样的情况。孩子们不应该接触超越自己年龄的性方面图书，也不应该被带去看性主题的电影。

如果我们能让孩子避免所有形式的过早性刺激，就不必多加担心了。我们只需要在适当的时候给出简单的解释，不要刺激孩子的性生理和性意识，用最真实而简单的方式回答问题。重要的是，如果我们希望孩子信任自己，就永远不要对孩子撒谎。如果孩子信任父母，他就会相信父母对性的解释，而不那么相信同伴的话——90% 的孩子都是从同伴那里得到性知识的。家人之间的合作、信任和朋友一般的关系，远比那些自以为能解决问题的回避和诡计重要得多。

如果孩子过多或过早经历性生活，后来往往会对性失去兴趣。这就是为什么要避免让孩子看到父母做爱。如果可能的话，最好不要让孩子和父母同睡在一个房间，更不用说同一张床了。还有，男孩和女孩也不应该睡在同一个房间里。父母必须时刻留意孩子们的行为是否得当，也要注意外界环境对孩子的影响。

上文总结了性教育问题中最重要的部分。正如其他任何方面的教育一样，家庭内部的合作和友好意识是最重要的。有了这种合作精神，对性别角色和男女平等有了初步的认识，孩子对未来可能遇到的任何危险都有充分的准备。最重要的是，他们已经准备好以健康的方式去迎接未来的人生挑战。

13

教育的失误

在养育孩子的过程中，父母或老师绝不能让某些事情导致孩子气馁；不能让孩子因为努力没有立即看到成果而感到绝望；不能因为孩子无精打采、冷漠或极度被动而滋生失败的念头；同时也不要让孩子受到有天赋、没天赋之类迷信说法的影响。个体心理学认为，为了激发孩子的精神能力，要努力给予他们更多的勇气和信心，要教导他们，困难不是不可逾越的障碍，只是需要克服的问题。耕耘未必总有收获，不过，努力带来的成功可能性还是比失败更高。下面是一个努力获得了回报的有趣案例：

这是一个在读小学六年级的 12 岁男孩。他成绩很差，但却毫不在乎。他过往的经历非常不幸。由于佝偻病，他 3 岁左右才能走路。快 4 岁的时候，他还只能说少量词汇。4 岁时，母亲带他去看一位儿童心理学家，他认为这孩子无法救治，但母亲不相信，把孩子送进了儿童指导机构。这孩子仍然发展缓慢，没有很大改变。男孩 6 岁时，大家觉得他可以进入学校了。在学校的头两年里，由于在家接受了额外的辅导，他勉强通过了考试。后来，他又艰难地读完了三年级和四年级。

这个男孩的情况是这样的：他在学校里表现得非常懒惰，经常抱怨自己不能集中注意力，不能专心听讲。他和同学们相处得不好，常被别人取笑，总是表现得很虚弱。他在学校只有一个非常喜欢的朋友，两人经常一起散步。他觉得其他孩子不够友好，难以相处。老师抱怨这个男孩算术太差，也不会写作，但老师还是相信他能和其他孩子一样搞好学习。

根据这个男孩过去的病史和他所能做的一切，很明显，对他的治疗建立在错误诊断的基础上。男孩极为自卑，也就是说，深陷于自卑情结之中。他有个优秀的哥哥。父母说哥哥不用努力学习就能升入高中。很多父母喜欢夸自己孩子不用努力就能成绩很好，孩子们自己也喜欢夸耀这一点。很明显，毫不费力地学习是不可能的。这个哥哥可能习惯于在上课时集中精力听讲，记住在学校所学到的一切，这样就不必在家里额外学习了，从而给人一种无须努力就能搞好学习的错觉。而那些在学校不好好学习的孩子，只有在家里额外用功才能赶上进度。

两兄弟的差距多大啊！这个男孩不得不一直生活在压抑感中，他感觉自己的能力不如哥哥，价值也远远不如哥哥。母亲生气的时候可能也时常会这么念叨，哥哥甚至会嘲笑他是傻瓜或白痴。他妈妈说，如果男孩不听哥哥的话，哥哥就会踹他。我们可以看到，过去的经历导致他相信自己不如别人有价值。生活似乎证实了他的信念。他的同学嘲笑他，他的功课总是不好，也不能集中精神，任何问题都使他害怕。老师也说，这个孩子在班级和学校都找不到归属感。毫不奇怪，男孩最终相信，他无法避免眼前的处境，也相信别人对他的看法都是正确的。如果一个孩子彻底丧失自信，对未来感到绝望，这是非常可悲的。

很容易看出这个孩子失去了信心，不是因为我们愉快地和他聊天时，他浑身发抖，脸色苍白，而是因为一个很常见的小细节：当我们问他多大时（实际上我们知道他 12 岁），他回答说 11 岁。不要把这样的回答当作偶然，因为大多数孩子都知道自己的确切年龄。这一类的错误有其内在的原因。考虑到孩子过去的生活经历，再联系他对年龄的答案，我们会得到这样的印象，他在试图重温过去。他想回到过去，回到自己更小、更弱也更需要帮助的时候。

我们可以根据已经掌握的事实来重建他的人格系统。这个孩子不想通过完成力所能及的任务来寻求肯定和认同；他相信自己没有别人那么成熟，竞争不过别人，也将这种落后性表现了出来。这种觉得自己落后于别人的状态，就表现在他报小自己的年龄上。他说自己 11 岁，但有些时候却表现得像个 5 岁的孩子。他坚信自己不如别人，试图调整自己的所有活动，使之适应这种所谓的落后状态。

这男孩在白天还会尿裤子，也难以控制自己的大便。只有在一个孩子相信或希望自己还是个婴儿的情况下，这些症状才会出现。这也证实了我们的说法，即这个男孩依恋过去，如果有可能的话，还想要回到过去。

早在男孩出生之前，他们家就聘请了一位保姆。保姆与孩子关系很亲密，几乎代替了母亲的位置，充当孩子的后盾。我们可以得出进一步的结论。我们已经知道孩子的生活方式，他不喜欢一大早起床，家人曾面带厌恶地描述他需要花多长时间才能起床。我们的结论是，这个男孩不喜欢上学。一个与同学相处不好、感觉自己受压迫、不相信自己有能力完成任何事情的男孩，不可能喜欢上学。因此，他不愿早起，不想准时去上学。

但保姆说他其实想去上学。事实上，他只有在生病时才要求起床上学。这与我们所说的一点也不矛盾。不过，要回答的问题是："保姆怎么会弄错呢？"答案很清楚，也很有趣。当孩子生病的时候，他就会说想去上学，因为他知道保姆肯定会回答："你生病了，不能去学校。"他的家人不明白这种表面上的矛盾，所以也不知道该怎么做。保姆当然也不理解男孩的真实想法，误以为他是真的想上学。

促使家长把男孩送到我们这里咨询的直接原因另有其事。这男孩居然从保姆那里拿钱买糖吃。这也意味着他表现得像个很小的孩子，拿钱买糖果是非常幼稚的行为。很小的孩子才会这样去做，因为他们控制不住对糖果的贪欲，也无法控制自己的身体机能。这种行为的心理意义是："你一定得看着我，否则我就会淘气。"男孩不断做出此类行为博得他人的关注，因为他对自己没有信心。如果我们把他在家和在学校的情况做一下比较，就会清楚地看到两者之间的联系：在家里，他可以想办法让人关注自己；在学校则无法做到。那么，什么手段能纠正这孩子的行为呢？

被带到我们面前之前，这男孩一直被认为是个落后、低人一等的孩子。但他其实不应被划入此类。他完全正常，只要恢复自己，就可以取得和其他同学一样的成就。他总是倾向于悲观地看待一切，还没努力就接受了自己的失败。他的一言一行都说明他缺乏自信，老师的评语也证实了这一点："不能集中注意力；记忆力差；注意力涣散；没有朋友；等等。"他的灰心丧气如此明显，所有人都能注意到；他的处境充满了许多不利因素，以至于很难改变他对自己的看法。

请他填完个体心理学调查问卷后，我们进行了心理咨询。不仅要和男孩谈，还包括与之相关的人们。在这些人中，首先要谈的就是男孩的母亲，她早就对他绝望了，只希望他能勉强完成学业，以后随便找个工作。其次是总看不起男孩的哥哥。

“你长大后想做什么？”对于这个男孩而言，这个问题没有答案。这是一个不寻常的特点。如果一个半大的孩子完全不知道自己想成为什么样的人，一般都会有点问题。当然，大部分人都没有从事小时候理想的职业，但这并不重要。至少，他们曾受到这种职业理想的引导。许多孩子想成为司机、警卫、售票员等等，因为这些行业他们能亲眼看见，在幼童的眼中看来很具吸引力。但是，如果一个孩子没有实际的目标，那就可以怀疑他把目光从未来移开，转向了过去；或者，换句话说，他是在回避未来，也回避与未来相关的所有问题。

这似乎与个体心理学的一个基本主张相矛盾，我们一直在谈论儿童的优越性，试图表明每个儿童都想展现自己，变得比别人更强大，想成就一番事业。突然之间，我们面前出现了一个可以说完全相反的孩子；他只想倒退，想变小，希望别人能支持和帮助他。我们该怎么解释呢？心理发展没有那么简单，它有着复杂的背景。如果我们对复杂的情况做出天真而简单的结论，就一定会犯错误。所有复杂情况都存在令人迷惑的假象，事物也会辩证地走向相反方向。以这个男孩为例，他不想追求优越感，只想回到过去，因为在他看来，似乎只有这种方式能让他强大，感到安全。除非我们完整地了解这个孩子的具体情况，否则总会感到颇为费解。事实上，这类孩子的做法也有其合理之处，虽然以别人的视角来看有些可笑。当他们年幼、弱小、无助、不需承担任何责任的时候，恰恰就是他们平生最强大、最有支配力的时候。这个男孩对自己没有信心，害怕一事无成，那么，我们还能期望他心甘情愿地面对未来吗？他必须避免任何可能表露自己的力量和能力的情况，因此，只能局限在一个极为有限的活动范围内，只有在这里，大家对他毫无要求和期望。这样我们就可以理解，他只在极小的范围内争取别人的认可，就像他年幼、无助、必须依赖他人时获得的认可一样。

我们不仅要和孩子的老师、妈妈、哥哥和爸爸谈话，还得与其他咨询师会谈，这需要付出长时间的努力。不过，如果我们能争取到老师的支持，就可以节省大量精力。这不是不可能的，但也并不简单。许多教师固守旧的方法和信念，将心理分析视作异类。也有相当一部分老师担心心理分析会让他们丧失部分权力，或者认为这是一种不必要的干预。事实当然并非如此。心理学是一门科学，不能一蹴而就成为专家，必须通过长期的研究和实践。不过，如果人们用错误的观点来看待心理学，那它对他们就没什么用处了。

宽容也是一种必备的素质，特别是对教师来说，应该对全新的心理学观念持开放心态，即使它似乎与自己曾经的观点相矛盾。从今天的情况来看，我们没有权力直截了当地反对老师的意见。面临着这样的困难时，我们究竟该怎么办？

根据经验，只能将孩子从困境中带出来，也就是说，让他转学。这样的处理方式不会伤害到任何人，没有人知道究竟发生了什么，却能让男孩摆脱一个沉重的负担。他可以进入一个陌生的新环境，不必担心别人看不起自己。具体做法很难在此给出放诸四海而皆准的解释，家庭情况与此有很大关系，可能每一个案例都需要稍微不同的处理方式。不过，如果有很多精通个体心理学的老师，处理这样的孩子会容易得多，因为他们能以理解的眼光看待这些案例，给予相应的帮助。

14

给家长的教育

前文已经多次指出，本书是写给父母和老师的，他们可以从全新的心理学洞见中获益，更了解孩子的心理。只要孩子能得到适当的教育，究竟是在家长还是老师的主持下进行都无关紧要。当然，这里指的不是学科教学，而是学校课程之外的教育，也是教育中最重要的一部分——促进孩子的人格发展。现在，尽管家长和老师都对教育工作贡献了一份力量，能够相互弥补不足之处，但在现代社会和经济条件下，大城市孩子的教育责任主要落在教师身上。家长没有老师那么容易接受新思想，因为教师的职业兴趣就是儿童教育。要培养好孩子，个体心理学主要将希望寄托于学校和教师身上，当然，我们也绝不会拒绝家长的合作。

在教育过程中，教师很难避免与家长发生冲突。这是因为教师的纠正性教育工作在某种程度上意味着家长的失败，在这一意义上，这是对家长的控诉和指责。很多家长确实会这样认为。在这种情况下，老师该如何处理与家长的关系呢?

接下来的探讨是从老师的角度出发的，因为教师需要把与家长打交道视为一种心理问题。如果您是家长，请不要感到生气，笔者无意冒犯，这些探讨只适用于那些不够明智的家长，他们已经形成了一种教师不得不着手处理的群体现象。

许多老师反映，与问题孩子的父母打交道往往比与孩子本人接触更困难。这一事实表明，老师必须运用一定的策略来应对这些家长。老师必须假定，家长不需要为孩子表现出的所有毛病负责。家长毕竟不是专业的教育者，通常只会依照传统来指导和教育孩子。当他们因为孩子的问题而被传唤到学校时，会感觉自己像被指控的罪犯。这种情绪也反映了他们内心的负罪感，因此需要教师委婉、有技巧地对待。在这种情况下，教师应尽量将家长的情绪转变得友好、坦率，使家长愿意接受老师的帮助，并理解这种善意。

即使有充分的理由，我们也不应一味责备家长。如果我们能与家长成功地达成协议，改变其态度，使他们接受教师的工作方法，就能取得更大的教育成就。一味指责他们过去所犯的错误是无济于事的，我们要做的是设法使他们接受新的治疗方法。告诉他们这儿做错了，那儿也做错了，只会冒犯他们，使他们更不愿意合作。通常，孩子的问题不是突然出现的，总有一个历史过程。家长通常相信自己在教育中忽略了一些事情，但千万不要让他们觉得我们也这样认为；一定不要用绝对而教条的语气跟家长说话；如果需要向家长提出建议，也不要使用权威的口吻，多用“也许”“可能”“如果”“你可以这样试试看”等词汇。即使我们知道错误在哪里，也知道该如何纠正，也不要像下命令一样直截了当地向他们指出问题所在。并不是每个老师都懂得这些策略，它们也不是短时间内能掌握的方法。有趣的是，本杰明·富兰克林(Benjamin Franklin)在自传中也表达了同样的想法，他写道：

“一位贵格会(Quaker)的朋友曾经好心地告诉我，人们普遍认为我很骄傲，这种骄傲经常在谈话中表现出来，具体来说，在讨论任何问题时，我不仅迫切想证明自己的正确，而且还有些咄咄逼人。他还举出了几个例子，于是我决心努力将这种毛病和其他问题一起改掉，并且将‘谦卑’加进了自己的道德清单。在这里，我所说的‘谦卑’是指广义上的谦卑。

“我不敢吹嘘自己真的具有谦卑这一美德，但我已经有了谦卑的外在表现。我给自己定了一条规矩，绝不直接对抗别人的观点，也不直接肯定自己的看法。我甚至迫使自己遵守我们圈子的古老规则，在表达某一确定的观点时避免使用‘肯定’‘当然’‘毫无疑问’等字眼，改用‘我认为’‘我的理解是’‘我觉得可能是这样’‘在我看来’等措辞。如果别人提出一个我不认同的观点，不直接与之对抗，也不当场指出他的谬误之处，而是这样回答，“这种观点在某些情况下有其合理之处，不过，我认为，似乎不太契合目前的情况”，等等。我很快就发现了这种转变的好处，这让我与他人的谈话更愉快了。谦卑使他们更容易接受我的观点，也减少了矛盾。当我发现自己错了的时候，不会太过羞愧；如果碰巧对了，也更容易说服别人放弃自己的错误观点，加入我的阵营。

“刚开始采用这种方式时，我不得不努力压抑自己的自然倾向。不过，习惯之后就很容易了。在过去的 50 年里，大概从来没有人听到我说一句很教条的话语。我在早年间提议建立新制度或改革旧制度，曾对民众产生重大影响；后来我成为议员，在议会中的影响力也相当大，或许都与这种谦卑的习惯有关（当然更重要的是保持正直）。实际上，我只是一个拙劣的演说家，更不擅长雄辩，时常在遣词造句上犹豫不决，表达也未必都很准确，但我的观点通常都得到了大家的认同。

“实际上，骄傲也许是人的自然情感中最难改变的。尽管我们掩盖它，与它对抗，阻止它，扼杀它，克制它，它却从未消亡，随时可能卷土重来。在与之斗争的过程中，我们会一次次看到它再度露出端倪。即使我认为自己已经完全克服了它，也有可能因自己的谦卑而感到骄傲。”

的确，这些话并不适合所有的生活情境。我们既不能这样期望，也不应做出要求。不过，富兰克林的态度还是能告诉我们，咄咄逼人、极具侵略性的做法有多么不合时宜，多么难以成功。生活中没有一条基本法能适用于所有情况。每条规则一旦超越本身的领域，就会突然失效。当然，在某些情况下，我们不得不给出强烈的措辞。不过，如果我们考虑到老师的情况，以及那些已经经历过羞辱并将因为自己的问题孩子而进一步遭受屈辱的忧心忡忡的家长，再考虑到如果家长不合作我们就什么也做不了时，很明显，要帮助这个孩子，就必须采用富兰克林的方法。

在这种情况下，证明自己的正确性和优越感并不重要，重要的是找出帮助孩子的有效办法，这当然会遇到很多困难。很多家长不想听任何建议，他们可能会惊讶、愤慨、不耐烦，也可能表现出敌意，因为老师把他们和他们的孩子置于这样一种不愉快的处境中。这样的父母通常会尝试蒙上眼睛，假装看不见孩子的缺点，逃避现实。突然，老师迫使他们睁开双眼，这当然不会令人愉快。可以想象，如果老师过于粗暴或过于积极地接近这样的家长，就不可能赢得家长的支持。许多家长甚至更过分。他们对老师大发脾气，拒之千里之外。在这样的情况下，应该向家长表明，老师的教育成效取决于他们的协助，最好是能让他们平静下来，友好地与老师交谈。千万不要忘记，家长们往往受到传统的、过时的教育方法局限，难以快速摆脱。

例如，如果一个父亲习惯了用严厉的言语和鄙夷的表情摧毁孩子的自信，持续了10年之后，他当然很难突然换上友好的表情，对孩子和蔼可亲。值得注意的是，即使父亲突然改变了态度，孩子一开始也不会相信这种改变是真诚的，而会将其当成一种伎俩。孩子需要很长时间才会慢慢接受父母的改变。这种情况对高级知识分子也不例外。有一个高中校长曾不断指责、批评自己的儿子，几乎使孩子崩溃。这位校长在和我们的谈话中意识到了这一点，回家之后却又严厉地说教了一通。因为孩子的懒惰，他又一次大发雷霆。每次儿子做了一些不讨他喜欢的事，父亲就会大为光火，狠狠地批评他。作为一名教育工作者的校长都可能这样教育孩子，我们可以想象，那些从小就相信“不打不成器”的普通父母更难以改变了。与学生家长谈话时，教师有必要用上一切委婉、圆滑而富有技巧的手段和辞令。

不要忘记，“不打不成器”的习俗在底层社会的传播更为广泛，因此，这些阶层的孩子们在学校接受了矫治谈话之后，还要面对家中的鞭子。我们一想到教育经常因为家长的鞭打而付诸东流就感到悲伤。在这种情况下，孩子们常常因为同一个错误受到两次惩罚，而我们认为，一次惩罚就足够了。

我们知道，双重惩罚有时会带来可怕的后果。例如，一个孩子不得不带着糟糕的成绩单回家，他不敢给父母看成绩，因为害怕挨揍；同时，他也害怕在学校受到惩罚，于是便选择了逃学或伪造父母签名。请不要忽略或轻视这些事实。我们必须始终把孩子与他所处环境中的各种因素联系起来考虑。

我们必须扪心自问：如果我继续这样做，会发生什么？会对这个孩子产生什么影响？我有多大把握确定这会对他产生有益的影响？孩子能承担它带来的负担吗？他是否能从中学到建设性的东西？

我们知道，儿童和成人对困难的反应差异巨大。要对孩子进行再教育，重塑他们的生活方式之前，一定要认真、谨慎，理性地思考可能的结果。只有那些对儿童的教育和再教育保持深思熟虑和客观判断的人，才能更准确地预测自己努力的结果。实践和勇气是教育工作中必不可少的因素，此外，还有一个不可动摇的信念，那就是无论情况如何，总有办法防止孩子崩溃。首先，我们要遵循一条古老而广为人知的规则，那就是“开始永远不嫌早”。那些习惯把人看作一个整体，将孩子的毛病看作整体中一部分的人，会比那些习惯于抓住症状并按照某种固定方案来治疗的人更好地理解和帮助孩子。用具体事例来说明，当一个孩子没有完成家庭作业时，后者会立即给孩子的父母写信，告知具体情况。

我们正进入一个对儿童教育不断涌现新思想、新方法和新理解的时代。科学正在破除陈旧的习俗和传统。这些新知识将更多的责任放在教师身上，同时也需要他们更深入了解儿童的问题，更有能力去帮助自己的学生。重要的是要记住，单一的行为如果脱离了整体人格就失去了意义，我们只有将其与整个人格联系起来，才能更好地理解它。

附录 1

个体心理问卷

用以理解和治疗问题儿童，由“国际个体心理学家学会”[1]拟定

1 International Society of Individual Psychologists

1. 导致问题发生的原因是什么时候出现的？孩子的问题第一次被注意到的时候，他处于什么样的情境（心理方面或其他方面）？

- 重要情境包括：环境改变、开始上学、弟弟妹妹的出生、学校中遇到的失败、换教师或转学、新的友谊、生病、父母离婚、父母再婚、父母死亡。

2. 孩子小的时候是否存在一些特殊的心理或生理缺陷？例如在吃饭、穿衣、洗澡或睡觉时胆怯、粗心、拘谨、笨拙、嫉妒、羡慕或依赖他人等。孩子是否害怕独处或黑暗？理解自己的性别角色吗？是否理解第一、第二或第三性征？如何看待异性？对自己的性别角色理解有多深？是继子、私生子、寄养孩子或孤儿吗？养父母是怎么对待他的？还有其他社会关系吗？是否在合理的时间内学会说话或走路？学说话或走路的过程中有没有困难？出牙的时间正常吗？学习阅读、画画、唱歌、游泳是否有明显困难？是否特别依恋父亲、母亲、祖父母或保姆？

- 有必要确定孩子是否对环境怀有敌意并寻找自卑感的根源；是否有回避困难的倾向，是否表现出利己、敏感的性格特征。

3. 这个孩子惹麻烦了吗？他最怕什么？最怕谁？他晚上会哭吗？会尿床吗？是否有支配弱小者或强悍者的倾向？有没有表现出很想睡在父母的床上？是否举止笨拙？患有佝偻病吗？智力发展如何？是否经常被人取乐和嘲笑？在头发、衣服、鞋子等方面是否表现出虚荣心？是否喜欢咬指甲或挖鼻孔？吃饭时是否显得很贪婪？

- 了解他是否自信地追求优越感，了解固执是否阻碍了他的行动动力，这对我们很有启发作用。

4. 他很容易交朋友吗？对他人和动物很有耐心、宽容，还是会骚扰和折磨他们？是否喜欢收藏、囤积？是否吝啬、贪婪？是否乐于领导别人？是否倾向于自我孤立？

- 这些问题都与孩子与人交往、接触的能力和自信程度有关。

5. 鉴于上述所有问题的答案，孩子目前的状况如何？他在学校表现如何？他喜欢学校吗？是否准时？上学前兴奋吗？是否匆匆忙忙？会弄丢书、书包和练习本吗？做作业或考试前，孩子会感到紧张激动吗？是否会忘记或拒绝做功课？是否浪费时间？是否懒惰？是否注意力不集中？是否扰乱课堂？他怎么看待老师？对老师是否挑剔、傲慢或漠不关心？是否主动请别人帮助自己学习，还是被动等待？他在体操和运动方面有野心吗？他认为自己相对没有或完全缺乏天赋吗？他阅读广泛吗？喜欢哪种文学？

- 这些问题有助于我们了解孩子对学校生活的准备程度、“学校新情境测试”的结果及其应对困难的态度。

6. 准确了解家庭环境信息，包括家庭成员的疾病状况，是否酗酒，是否有犯罪倾向，是否因病体弱，是否患有神经症、梅毒、癫痫等疾病，以及生活水平如何，等等。是否有家庭成员死亡？死亡发生时孩子多大？他是孤儿吗？家庭的主导气氛如何？家庭教育是否严格，充满怨言和挑剔？是否纵容溺爱？家庭的影响会让孩子害怕生活吗？对孩子的监督管理情况如何？

   - 从他在家里的处境及其对家庭的态度，可以判断孩子所受到的影响。

7. 孩子的出生次序如何？他是家里最大的孩子、最小的孩子、独生子、唯一的男孩或女孩吗？是否存在敌对、哭闹、恶意嘲笑、贬低他人的强烈倾向？

   - 以上这些信息对于孩子性格的研究十分重要，也有助于揭示孩子对他人的态度。

8. 孩子是否形成了选择职业的观念？对婚姻有什么看法？家庭其他成员从事什么职业？父母的婚姻生活如何？

- 由此可以判断孩子是否有勇气和信心面对未来。

9. 他最喜欢的游戏、故事、历史和小说人物是什么？他喜欢破坏其他孩子的游戏吗？他有想象力吗？是否喜欢冷静思考？是否沉溺于白日梦？

- 这些问题涉及他在生活中扮演英雄角色的可能倾向。相反，也可认为是气馁的表现。

10. 孩子的早期记忆是什么？是否有关于飞行、坠落、无能为力、焦虑、赶不上火车等印象深刻的梦？或是周期性地做这些梦？

- 在这方面，我们经常可以发现孩子是否具有孤立封闭的倾向，是否被警示要谨慎，是否野心勃勃，是否偏爱特定的人或乡村生活，等等。

11. 孩子在什么方面没有自信？他认为自己被忽视了吗？他对别人的关注和赞扬反应敏捷吗？是否有迷信的想法？是否回避困难？是否尝试过多种事情但都中途放弃了？对自己的未来是否确定？相信遗传的不良影响吗？周围环境令他灰心丧气吗？人生观是否悲观？

- 对这些问题的回答可以帮我们确定，孩子是否丧失了自信，是否走上了错误的道路。

12. 是否具有一些花招和坏习惯，比如扮鬼脸、装傻、扮幼稚、出洋相等？

- 在这些方面，孩子为了引起注意，会表现出些许勇气。

13. 他有语言障碍吗？是否丑陋？是否有足部畸形？是否有X型腿或O型腿？是否发育不良？是否异常肥胖或过高？是否比例失调？眼睛或耳朵是否异常？智力落后吗？是不是左撇子？他晚上打鼾吗？是否特别好看？

- 这些缺陷和问题往往会被孩子夸大，可能会使他永远灰心丧气。特别漂亮的孩子也常出现成长问题，因为他们认为自己理应得到想要的一切，而不必努力。这样的孩子错过了许多为生活做准备的机会。

14. 他是否经常提到自己缺乏能力，在学业、工作和生活上“缺乏天赋”？他有自杀的念头吗？他的失败和制造麻烦之间是否存在时间上的联系？是否过于看重表面上的成功？他是卑躬屈膝、执拗固执还是叛逆不驯？

- 这些情形表明他极度气馁，这在孩子为摆脱烦恼而付出的努力付诸东流之后表现得尤为明显。他的失败部分是由于努力无效，部分是由于对接触的人缺乏了解。不过，他总要在某些地方满足自己对优越感的追求，于是便会转向其他更容易的行动方式。

15. 说出孩子成功的事例。
- 这些积极表现能给我们重要的启示。因为孩子的兴趣、倾向和准备性可能指向与他迄今为止所走的路完全不同的方向。

从对上述问题（提问时，不要按照固定顺序一个接一个念出来，而应该建设性地借助谈话来自然地提出）的回答中我们可以正确了解和把握孩子的个性。我们可以看出，虽然失败不应得到辩解和合理化，但它是可以想象和理解的。我们应该始终耐心友善地解释孩子们在问卷中暴露出的问题，而不应带有任何威胁。

附录 2

五个案例及分析

案例 1 ｜ 一个 15 岁的男孩，家里的独生子

他的父母努力工作，创造了不错的家庭条件。父母对孩子悉心照顾，确保他能够健康成长。男孩小的时候确实十分快乐、健康。他母亲心地善良，比较爱哭。她讲起儿子的事情来断断续续，相当费力。我们没见过孩子的父亲，但母亲形容他是一个诚实、自信、精力充沛的人，也很热爱家庭。孩子很小的时候，一旦不听话，父亲就会说："如果我不把他纠正过来，以后就更麻烦了。"他的"纠正"不是谆谆教导，给孩子树立好榜样，而是在孩子做错的时候拿鞭子抽他。男孩很小的时候表现出了一定的叛逆意识，想成为家里的主人，这种欲望经常出现在被宠坏的独生子女身上。他很早就表现出了明显的不服从的倾向，并且养成了一种习惯，只要父亲没动手揍他，他就绝不顺从。

我们在此稍作停顿，看看这孩子有什么显著的性格特征——那就是撒谎。他靠撒谎来逃避父亲的重压。这也确实是母亲来找我们的主要原因。如今，孩子已经 15 岁了，可父

母永远不知道他是在撒谎还是在说真话。进一步了解之后，我们得知这个孩子曾在一所教区学校上学，老师也抱怨他不听话，扰乱课堂秩序。比如，老师没有提问，他却高声回答；突然提问，打断老师讲课；在课堂上大声和同学说话。他写作业时字迹非常潦草，而且还是个左撇子。他的行为终于彻底越界了，他越是害怕受到父亲的惩罚，就越经常撒谎。他父母起初希望他能留在学校学习，但不久就不得不把他领回家，因为老师断定他已经无药可救。

男孩很活跃，智力也没有问题。他读完了公立学校，不得不参加高中入学考试。考试后，他告诉母亲说自己通过了考试。全家人都很高兴，一起去乡下过暑假。这个男孩经常聊到高中的事情。暑假结束后，男孩每天背着书包出门上学，中午回家吃午饭。然而，有一天，母亲陪着他走了一段上学的路，一起过马路时，她听到一个路人说："这不是上午给我带路去车站的孩子吗？"母亲问男孩，这人是什么意思，那天上午他是否没去上学。男孩回答说，学校 10 点就放学了，所以他给那人指路，送他去了火车站。母亲不相信这个解释，将此事告诉了父亲。父亲决定第二天陪儿子一起上学。第二天，在上学的路上，父亲不断地询问男孩，后来得知他根本没有通过入学考试，从来没有进过高中大门，整天在街上闲逛。

他的父母聘请了一名家庭教师，这个男孩最终通过了考试，但他的行为并没有改善。他仍然扰乱课堂秩序，甚至开始小偷小摸。他从母亲那里偷了一些钱，并对此撒了谎，直到家人威胁要报警才承认。接下来，这个案例演变成了忽视孩子教育的悲剧。父亲曾经骄傲地相信自己可以纠正孩子，现在却彻底放弃了这个无药可救的男孩。男孩受到的惩罚是家人不再理他，不和他说话，也不再关注他。父母也声称不会再打他了。

在回答孩子从什么时候开始出现问题时，母亲说："从他出生开始。"听到这样的答案时，我们认为，母亲的意思是男孩的不良行为是天生的，因为父母曾想尽一切办法来纠正他，但都没有成功。

他在婴儿的时候就特别不安分，日夜号哭，但所有医生都说他很正常、很健康。

这个问题不像听起来那么简单。哺乳期婴儿哭泣这一事实没有什么特别之处，而哭泣的原因则有很多种，特别是在独生子女的情况下，母亲以前没有任何育儿经验。这样的孩子通常在尿湿的时候哭，而母亲不是总能第一时间发现这种情况。孩子哭的时候母亲是怎么做的？她把孩子抱在怀里，轻轻摇晃，给他喂食。她本该做的是找出哭闹的真正原因，比如换一下尿不湿，让孩子感到舒适，就不用再管他了。如果能做到这一点，孩子就会停止哭泣，也不会留下绵延至今的不良影响。

男孩的母亲说，他在正常的年龄学会了说话和走路，没有遇到任何困难，牙齿发育也很正常。他有一个习惯，就是拿到玩具后不久就把它们弄坏——这并不必然表示孩子性格不好。值得注意的是，妈妈说，“不管玩什么，他都无法单独玩耍，再短的时间都不行”。值得一问的是，母亲应该如何训练孩子独自玩耍呢？只有一个办法，让孩子在不被大人打扰的情况下独处。我们怀疑这位母亲没有这样做，她的几句话也证实了这一点：例如，孩子总是让她忙个不停，总是紧紧抓住她，等等。这是孩子最初诱使母亲宠爱他的方式，也是他灵魂上最早的印记。

我们从不让孩子单独待着。

母亲显然是为了自我辩护才这么说的。

他从未独处过，直到今天，他也不愿意独处（哪怕只是一个小时）。晚上更不会让他一个人待着。

这证明了母子关系有多紧密，他可以一直依赖母亲。

他从不害怕，现在也不知道害怕为何物。

这似乎与心理常识矛盾，也不符合我们的发现。进一步仔细探究，我们就会发现，这孩子从来没有独处过，所以就没有必要害怕，因为在这样的孩子身上，恐惧是强迫别人留在他们身边的一种手段。如果他被单独留下，就会表现出恐惧——但他从来没有被单独留下过，当然没有必要害怕。下面还有一段看似矛盾的陈述。

他非常害怕他爸爸的鞭子。所以说，他其实也有害怕的

时候吧？然而，鞭打结束后，他很快就好了伤疤忘了疼，又恢复了活力，哪怕有时被打得很重也是一样。

在这里我们看到了不幸的对比：母亲处处迁就孩子；父亲则非常严厉，想要校正母亲的软弱。然而，父亲的严厉将孩子推向了母亲。也就是说，孩子会转向纵容他的人，转向让他可以轻而易举得到一切的人。

孩子6岁时在教会学校上学，受到牧师的监督。这时，已经有人开始抱怨他的活泼好动、不安分和不专心。对他行为的批评比对功课的批评要频繁得多。最引人注目的是他的不安分。如果一个孩子想要引起别人注意，还有什么办法比不安分更好？这个孩子想获得关注。他已经习惯了吸引母亲注意，现在，在学校这个更大的圈子里，他想引起更多新成员的注意。老师不理解孩子的目的，只是试图纠正孩子的行为，把他叫出来责骂或批评，于是男孩的目标达成了。这种关注需要付出很大的代价，但他已经习惯了。在家里经常挨揍都没能改变他的行为模式，学校所允许的温和惩戒又怎么可能改变他呢？那是不可能的。他愿意付出受罚、挨骂等代价，成为人们关注的焦点。

父母教育他，为了班级的利益，每个人都应该保持安静，希望他能有所触动，改变行为。听到这种陈词滥调时，他有些怀疑父母是否具有健全的常识。其实，男孩和大人一样，非常清楚什么是对的，什么是错的。然而，他正忙于其他事情呢！他想引起别人的注意，在学校里他不可能靠安静来引起别人的注意，也很难通过努力学习来博得关注。一旦我们意识到他给自己定下的目标，就解开了其行为中的谜团。当父亲拿着皮鞭和棍子出现的时候，男孩会安静一会儿。但母亲说，只要父亲一走，男孩就会故态复萌。他只把鞭打和惩罚看作是短期内干扰他追求的阻碍，绝不能达到永久改变的效果。

他的脾气总是不受控制。

发脾气显然也是一种获得关注的方式。我们知道，人们常把发脾气视为达成目标的便捷方式，也是由这个目标所决定的一种情绪。例如，如果一个人想安静地躺在沙发上，就不需要发脾气。只有想要引人注目的孩子（如本案例）才会明显地表现出发脾气这种情绪。

他习惯了把家里各种东西带到学校换钱，然后招待一帮朋友共同挥霍。父母发现这种情况后，每天上学前都要对他进行搜身。他最终放弃了这种做法，只是沉迷于恶作剧和上课捣乱。这种变化多亏了他父亲的严厉惩罚。

我们可以理解，他的恶作剧也是因为想要博得关注，因为这会招致老师的惩罚，从而显示自己敢于挑战学校规则。

他的捣乱行为逐渐减少，但仍会周期性发作，程度一如往常。结果被学校开除了。

这也证实了前文提及的观点。这个男孩想要获得别人的认可，自然会遇到很多障碍，他自己也意识到了这一点。此外，考虑到他还是个左撇子，我们会对他有更深的了解。可以推断，虽然他想避免困难，但总也躲不过去，又缺乏克服困难的信心。但他对自己越不自信，就越想证明自己值得关注。他无法停止捣乱，直到学校不再容忍，将他开除。如果学校的目的是不让捣乱者干扰其他所有学生的正常学习生活，那么，除了将其开除也没有别的办法。然而，如果我们认为教育的目的是纠正孩子的缺点，那么，开除就不是正确的方式了。开除之后，男孩无须在学校努力博取关注，只需要轻轻松松地获得母亲认可就行了。

需要指出的是，在一位老师的建议下，男孩在休假期间被送到了一个儿童矫治机构。那里的监管比学校更严格，但这一尝试也失败了。他的父母仍然是孩子的主要监护人。孩子每周日都回家，他对此很高兴。然而，即使不能回家，他也并不生气。这很容易理解。他想扮演英雄，也想获得别人的认可。他不为鞭打而大惊小怪，不允许自己哭，也不以任何方式表现得没有男子气概，不管现状有多令人难受。

由于家里请了家教，他的成绩一直不算太差。

由此可以推断，他没有独立性。老师告诉家长，这孩子如果能稍微安静一点，就能学得更好。我们相信他有能力搞好学习，因为除了弱智，所有孩子都能搞好学习。

他没有绘画天赋。

这一点很重要，因为我们可以推断，他并没有完全克服右手的笨拙。

他擅长体育，很快就学会了游泳，而且不惧危险。

这表明他并没有完全气馁，只不过总把勇气用于不重要的事情，因为这些事情对他来说比较容易，他相信自己可以成功。

他毫不羞怯，喜欢把自己的想法告诉每个人，不管对方是门卫还是校长。尽管总有人告诫他不要这么鲁莽地自我表达。

我们知道，他从不在乎被别人禁止这样或那样做，因此我们不能将不害羞作为勇气的证据。我们知道，很多孩子都很清楚自己与学校老师、领导之间存在距离。这个孩子不怕被父亲鞭打，当然也不怕校长，为了表现自己的重要性，他毫不害羞、肆意表达，常常以这种方式达到目的。

他对自己的性别没有明确认知，但经常说自己不想成为女孩。

这并不能明确表达他对自己性别的看法，但我们总是发现，特别调皮的男孩往往有贬低女孩的倾向，从这种贬低中获得男性的优越感。

他没有真正的朋友。

这很容易理解，因为其他孩子并不总是愿意被人领导。

父母至今还没有向他解释性方面的问题。他的行为总是表现出一种统治欲。

我们必须非常努力才能了解有关男孩的事情，而他自己则相当清楚。也就是说，他很清楚自己想要什么，但毫无疑问，他不知道自己的无意识目标和行为之间的联系。他不明白这种强烈的统治欲望的程度和根源。他想统治别人，其实是因为他看到了父亲对家庭的统治。他越想统治别人就越虚弱，因为他不得不因此而依赖别人。而他所模仿的榜样——他的父亲却是以一种自我克制的方式进行统治。换句话说，孩子的野心正源于他的软弱。

他总爱惹是生非，哪怕面对那些比他强大的人也不例外。

其实，越强大的人就越好对付，因为他们认真对待自己的责任。而男孩放纵无礼的时候却只在乎自己。顺便说一句，要改变这种肆意妄为很不容易，因为他对自己的学习能力毫无信心，因此，只好用放肆无礼作为掩饰。

他并不自私，相当慷慨大方。

如果你认为这是善良的象征，就会发现这与他性格的其他方面并不一致。我们知道，慷慨大方可以显示出优越感。重要的是，要看到这种特质是如何与对权力的渴望相契合的。他将慷慨视为个人价值的一种提升，很可能是从他父亲那里学到了通过慷慨来自我炫耀的伎俩。

他仍然不断地惹麻烦。他最怕父亲，其次是母亲。他随时都能起床，也不特别虚荣。

最后一句话只看到了外在的虚荣心，他的内在虚荣心其实非常强烈。

他改掉了挖鼻孔的老习惯。他是个固执的孩子，对食物挑剔，不喜欢蔬菜和油脂。他不是完全不爱交朋友，但更喜欢听话、容易控制的孩子。他非常喜欢动物和花草。

喜欢动物的背后总是一种对优越感和统治欲的追求。这种爱好当然不是坏事，可以让人与世间万物成为一体。然而，对于本例中的孩子，喜欢动物花草表现出了他的控制欲，即他总是想尽办法让母亲为他操心。

他表现出对领导的强烈渴望，当然并不是智力上的领导欲。他喜欢收集物品，但没有足够的耐心，每次收藏都有始无终。

这种人的悲剧在于，他们总是有始无终，因为有结果就得承担责任，而他们害怕承担责任。

总的来说，10岁之后，孩子的行为有所改善。以前不可能把他留在家里，因为他总是想在街头扮演英雄。经过艰苦努力，他的行为才有所进步。

把他限制在家庭的狭小范围内，其实反而是满足其强烈的自我肯定欲望的最佳手段。毫不奇怪，他会在这个狭窄范围内制造更多麻烦。如果有适当的监护，应该允许他去街头玩耍。

他一回家就开始做作业，并未表现出想离开家的愿望，但总能找到浪费时间的方法。

当我们把孩子限制在狭小的空间里，并监督他学习的时候，会发现他总在分心和浪费时间。必须给孩子活动空间，让他和其他儿童一起玩耍，并在同伴中发挥一定的作用。

他曾经很乐意上学。

这说明当时的老师并不严厉，于是他很容易就能扮演英雄的角色。

他以前总是弄丢书本。他不怕考试，总相信自己能把每件事都做好。

这是一种相当普遍的性格特征。如果一个人在任何情况下都很乐观，这说明他不相信自己。这些人本质上是悲观主义者，但他们总会设法违背逻辑，躲在虚幻的梦想世界里，幻想自己能获得一切；即使他们失败了，也不会表现出惊讶。他们被一种宿命感所掌控，因此总是表现得很像是乐观主义者。

他无法集中注意力。有些老师喜欢他，有些老师非常不喜欢。

那些欣赏他的风格、性情温和的老师喜欢他。他很少给这些老师惹麻烦，因为他们没有给他分配困难的任务。像大多数被宠坏的孩子一样，他既不喜欢集中注意力，也没有这种习惯。直到 6 岁，他也不觉得有必要这样做，因为母亲会照顾一切。生活中的一切都事先安排好了，他就像被关在笼子里一样。一旦遇到困难，他就会感到缺乏准备。他没有办法应付困难，对别人没有兴趣，因而也无法与之合作。他既没有独立完成某件事所必需的欲望，也没有独立完成某件事所必需的自信。他所拥有的是对显赫地位的渴望，希望能不费吹灰之力就出人头地。但他没能扰乱学校的安宁，所以也没能引起人们的注意，这就更加剧了他的不良行为。

他总是想把所有的事情都轻松地处理掉，以最简单的方式得到一切，从不顾及他人。这已经成为他生活的主题，表现在所有的具体行为之中，如盗窃和撒谎。

他生活方式的错误显而易见。母亲为他提供了发展社会情感的初步刺激，但无论是温和的母亲还是严厉的父亲，都没能为他的社会情感进一步发展指明方向。这种情感只限于他母亲的世界。在母亲面前，他觉得自己是关注的焦点。

因此，他对优越感的追求没能指向有益社会的方面，而是指向了自己的虚荣心。为了使他走上有用的人生道路，我们必须重塑他的性格发展。他一定要恢复信心，才会乐意听我们的意见。同时，我们必须扩大他的社会关系范围，从而弥补独生子女的缺憾。他还得与父亲和解。教育必须逐步推进，直到这个男孩能够像我们一样理解自己过去生活方式的错误。如果他的兴趣不再集中在一个人身上，独立性和勇气就会随之增长，从而把自己对优越感的追求引向对生活有用的方面。

案例 2 | 一个 10 岁的男孩

学校方面抱怨他的成绩很差，已经落后同学三个学期。

这个孩子才 10 岁，却已经落后了三个学期，我们简直要怀疑他的智力是否正常。

他现在就读三年级。他的智商是 101。

也就是说，他的智力没什么问题。那么，是什么原因导致他成绩落后呢？他为什么要扰乱课堂？我们看到，他会付出一定的努力，也有一定的行动兴趣，但都指向无用的方面。他想有创造力，积极主动，成为人们关注的焦点，但方式不对。我们也可以看到，他和学校对抗、战斗。他是学校的敌人。所以，我们理解他为什么成绩差，因为对这样一个好斗的孩子而言，学校的常规生活太难以忍受了。

他不善于服从命令。

这很明显。他的行为自有其聪明之处，也就是说，他看似疯狂的行为其实是有逻辑的。如果他是一个斗士，当然就会抗拒别人的命令。

他和其他男孩打架，喜欢把自己的玩具带到学校去。

他是想建立属于自己的学校。

他不擅长口算。

这意味着他缺乏社会意识和相应的社会逻辑（见第7章）。

他有语言缺陷，每周上一次语言训练课。

这种语言缺陷不是因器官问题引起的，而是缺乏社会合作的症状。语言是一种合作的态度，个体必须借此把自己和另一个人联系起来。事实上，这个男孩利用这种语言缺陷作为好斗的工具。我们不必怀疑，他并没有试图弥补这一言语缺陷，因为治好这个毛病就意味着放弃这一吸引注意力的工具。

老师和他说话时，他总爱左摇右晃。

这似乎是在准备进攻。他不喜欢老师对他说话，因为这样一来，自己就不是注意力的中心了。如果他必须听老师说话，老师就成了征服者。

母亲（确切地说是继母，他的生母在他婴儿时期就去世了）抱怨说，这孩子有点神经质。

这个意味深长的“神经质”涵盖了一系列不良行为。

他是由奶奶和外婆带大的。

一个祖母就够糟糕的了，何况两个——我们知道，祖母往往会给孩子无限溺爱。她们为什么要这样做？原因值得深思。这其实是我们文化的缺陷，老年女性往往失去了自己的社会位置。她们反抗这种不公正的待遇，希望能被合理对待，这一点毫无错处。她们会通过溺爱孩子来让孩子依恋自己，从而证明自己的存在价值和重要性，获得作为一个人类个体而被认可的权利。

可以想象，奶奶和外婆之间存在一种可怕的竞争，她们都想证明孩子更喜欢自己。当然，这种竞争对孩子有利，他几乎身处天堂，能获得自己想要的一切。他只需要说，“奶奶给了我这个”，外婆就会试图超过竞争对手，给他更多东西。反之亦然。在家里，这个孩子是注意力的中心，我们可以看出他会将关注作为自己的目标。现在，他进入学校了，这里可没有两个祖母的争相宠爱，只有一个老师和许多孩子。他要成为学校的焦点人物，唯一的方法就是战斗。

和祖母一起生活的时候，他的学习成绩不好。

学校不适合他。他也没有做好准备。学校是对他合作能力的一大考验，他没有接受过合作能力的培训。母亲本应是最适合培养这种合作能力的人，但这孩子没有母亲。

一年半以前，父亲再婚了，这孩子开始与父亲、继母共同生活。

毫无疑问，困难的局面出现了。若有继母或继父进入孩子的生活，麻烦就开始了，或者说麻烦就增加了。对孩子的成长和教育来说，继父母问题是一个传统问题，至今也没得到改善。继母，即使是最好的继母，一般也都会带来问题。这不是说继父继母的问题是无法解决的，而是说，它只能以特定的方式解决。继母和继父不应把孩子的感激视为自己应得的事物，而应该尽力去赢得孩子的感激。在这个案例中，两位祖母的存在让情况愈发复杂，继母带孩子的困难也增加了。

继母初入家门时，也曾尽量表现得亲切，竭尽所能想赢得男孩的欢心。孩子的哥哥也是个问题。

家里还有一位斗士。可以想象，两兄弟之间可怕的竞争只会加剧他们的斗志。

孩子害怕并服从父亲，但不服从母亲。所以她常常向父亲告状。

这其实是在承认，母亲无法教育孩子，所以把职责交给了父亲。当母亲总是向父亲报告时，当她用“我要告诉你爸爸”的话威胁他们时，孩子就明白了她无力管理他们，已经放弃了这个任务。于是，他们就会找机会来控制她。当母亲以这种方式说话和行动时，也表现了她自己的自卑情结。

如果孩子答应守规矩，母亲就带他出门，给他买点东西。

这位母亲的处境相当困难。为什么？因为她总是生活在祖母的阴影下，孩子们认为祖母更重要。

祖母只是偶尔来看他。

一个偶尔来访几小时的人很容易打乱孩子的教育，并把所有麻烦留给母亲。

在他看来，家里没有一个人真正爱自己。

他们似乎都不再喜欢他了。甚至曾经对他倍加宠爱的祖母，现在也不喜欢他了。

父亲会鞭打他。

鞭打无济于事。孩子喜欢表扬，如果受到表扬，他就会心满意足。但他不知道如何通过正确的行为赢得赞扬。他希望不经努力就获得老师的表扬。

如果获得表扬，他会把事情做得更好。

当然，所有想成为焦点的孩子都是这样。

老师不喜欢他，因为他总是闷闷不乐。

这是他能用的最好的方法，因为他是个斗士。

这孩子会尿床。

这也表明他想成为关注的焦点。但他是以间接的方式来争取的。如何用间接的方式争取母亲的关注呢？尿床之后，母亲不得不半夜起床收拾；夜间发出尖叫，躲在床上看书而不睡觉；早上赖床；不良的饮食习惯。总之，无论白天还是晚上，他总有办法让母亲为他操心。尿床和言语缺陷就是他与环境战斗的两大武器。

母亲在夜里叫醒他好几次，试图使他改掉尿床的习惯。

为此，母亲晚上要叫醒他、关注他好几次。这样一来，他就达到了目的。

孩子们不喜欢他，因为他总想支配别人。一些弱小的孩子试图模仿他。

他是个软弱、没有自信的人，不想以勇敢的态度面对生活。那些弱小的孩子之所以喜欢模仿他，因为这实际上也是他们博得关注的最佳方式。

另外，他也不是真的招人讨厌，“当他的作业被选为全班第一时，其他的孩子也很乐于承认他已有所进步”。

当他进步时，其他孩子也很高兴。这说明老师教育得当，培养了孩子们的合作精神。

这个男孩喜欢在街头和其他孩子打球。

当他有把握成功和征服别人的时候，他愿意与他人建立联系。

我们与母亲讨论了这个孩子，向她解释，她与孩子、祖母的关系处于相当困难的境地。这个男孩非常嫉妒哥哥，总担心被他甩在后面。在我们的谈话中，男孩一句话也没说，尽管我们告诉他，大家都是他的朋友。对这个男孩来说，讲话意味着合作。他只想战斗，所以不愿说话。这是因为他缺乏社会意识，他拒绝矫正自己的言语缺陷也是出于同样的原因。

这也许有些令人惊讶。事实上，我们经常发现，即使是成年人，在社会生活中也会这样做：用沉默来对抗。曾有一对夫妇激烈争吵。丈夫对妻子大吼道：“瞧，现在你倒是安静了！”她回答说：“我不是安静，我只是不想跟你说话！”

这个男孩也是如此，他只是“不想说话”。谈话结束时，我们告知他可以走了，但他似乎不想离开。他的敌意被激发了。我们告诉他讨论结束了，他还是不想走。我们要求他下周再和父亲一起来。

与此同时，我们对他说："你不说话，做得很对，因为你总是反着别人的要求做事。如果有人叫你说话，你就保持沉默；如果老师叫你上课保持安静，你就大声讲话扰乱课堂。你相信这样才算是英雄。如果我们要求你'别说话'，你就会开始说了。我们只需要把话反着说，就能达到目的。"

很明显，这孩子被激起了说话的欲望，因为他想要回答这些问题。这样一来，他就开始通过语言与我们合作了。后来，我们才慢慢向他解释他的情况，使他认识并确认自己的错误所在，情况从而逐步改善。

在这方面，应当记住，只要孩子还处于过去习惯的情境中，他就没有改变的动力。母亲、父亲、祖母、教师和同伴都符合他惯常的生活方式，男孩对他们的态度也是固化的。但当他来到咨询室时，面对的却是全新的局面。我们也尽量为他营造一个新环境——事实上，确实是全新的环境。这能让他更彻底地暴露出在旧环境中形成的性格特征。在这种情况下，最好告诉他"你一句话也不要说"男孩就会说，"我偏要说！"这样一来，男孩不会感到有人直接质问自己，因此也就不会心存警惕。

在咨询室，孩子们通常站在一大群观众面前，这给他们留下了深刻的印象。这是一个全新的环境，让他们感觉不再被束缚在过去的情境中，还有许多人对自己感兴趣，因此，自己是这个大整体的一部分。所有这一切使他们比以前更想成为整体的一部分，特别是当他们被要求下次再来的时候。他们知道会发生什么——人们会向他们提问，询问进展如何，等等。有些人每周来一次，有些人每天都来，这取决于案例的具体性质。在这里，他们应对老师的行为会受到训练。他们知道，自己不会受到指责、谩骂或批评，但一切都会被公开讨论和评价。这总是让人印象深刻。如果一对夫妻正在吵架，忽然有人打开窗户，争吵就会停止。因为窗户打开时，外面的人可能听到他们的争吵声，而大部分人都不想将自己有问题的一面展示在别人面前。孩子们来到咨询室，就迈出了前进的第一步。

案例 3 | 一个 13 岁半的男孩

他在 11 岁时测过智商，IQ 是 140。

可以说这是一个聪明的孩子。

自从进入高中的第二学期以来，他几乎没有什么进步。

根据我们的经验，如果一个孩子认为自己很聪明，往往会期待不劳而获，结果反而容易停滞不前。例如，我们发现，这些孩子在青春期时，总是觉得自己比实际年龄成熟得多。他们想证明自己不再是孩子了。他们越是试图证明自己，就越容易遇到现实生活中的困难。然后，他们开始怀疑自己是否真的像从前认为的那样聪明。我们建议，不要告诉孩子他很聪明，也不要告诉他智商高达 140。孩子永远不应该知道他们的智商，父母也不应该知道。因为这就是聪明的孩子折戟沉沙的原因之一。将智商测试结果告诉他们十分危险。一个雄心勃勃的孩子，如果不确定是否能以正确的方式取得成功，就会去寻找错误的成功之道，包括：患神经症、自杀、犯罪、懒惰或浪费时间。孩子会找出无数理由为错误的成功之道作辩解。

他最喜欢的科目是科学。只喜欢和比他小的男孩玩。

我们知道，孩子喜欢和比自己年纪小的孩子玩，是为了轻松，也是为了当领导者。当然，并不是说每个爱和年幼孩子玩的儿童都抱有上述心态，也可能是因为他们想展示自己的父性。但这也有问题，因为父性本能的表现包括排斥与大孩子玩耍。他会有意识地排斥与年长孩子交往。

他喜欢足球和棒球。

我们可以预先假定他很擅长这两种体育项目。也许，我们会听说他很擅长某些方面，对另一些方面则丝毫不感兴趣。这意味着，只有当他感到有把握成功的时候，他才会积极参与；只要没有成功的把握，就会拒绝参与。这当然不是一种正确的行动方式。

他喜欢打牌。

这意味着他在浪费时间。

打牌影响了他按时睡觉和做作业。

现在我们接触到了对孩子真正的抱怨，这些抱怨集中在同一个问题：他没法取得学习上的进步，只是在浪费时间。

他在婴儿期发育很慢，2 岁后才开始迅速发展。

我们不知道他为什么在 2 岁前发育缓慢。可能是溺爱导致的发育缓慢。我们可以看到，有些娇生惯养的孩子不需要说话、走路或发挥身体机能，因为家人已经将一切都准备好了，而他们喜欢这种被支持的感觉，也就没有了发展的刺激。

他 2 岁后发育迅速，唯一的解释是出现了某种发展的刺激。正是这样强烈的刺激使他成为一个聪明的孩子。

诚实和固执是他突出的性格特征。

对我们来说，仅仅知道他很诚实是不够的。诚实当然是个优点，但我们不确定他是否利用自己的诚实来批评别人。诚实很可能是他自夸的一种方式。我们知道他是一个喜欢当领袖、喜欢支配别人的人，而这种诚实可能是他追求优越感的表现。我们不确定，如果这个男孩处于不利处境，他是否可以继续诚实。至于他的固执，我们发现他真的很想走自己的路，喜欢与众不同，不愿意被别人牵着鼻子走。

他会欺负弟弟。

我们的判断得到了证实。他想当领袖，而弟弟不听话，他就欺负他。这说明他不是真的诚实。你会发现，如果你真的了解他，甚至可以说这孩子是个骗子。他喜欢自我吹嘘，表现出一种优越感。这里所表达的其实是一种优越情结，但这种情结清楚地表明，他的内心饱受自卑之苦。由于别人往往高估了他，所以他反而低估了自己，又因为他低估了自己，所以不得不通过吹牛来弥补。因此，过分表扬一个孩子是不明智的，这样他就会觉得别人对他期望太高。当他发现实现别人的期望并不容易时，就会开始颤抖和害怕，想办法修饰自己的真实生活，掩饰弱点。因此，他会欺负自己的弟弟，等等。这就是他的生活方式。他没有足够的力量和信心，无法独立而适当地解决生活中的问题。因此他热衷于打牌。当他打牌时，没有人能发现他的自卑，即使他的成绩很差。父母会说他的成绩差是因为太爱打牌，这挽救了他的骄傲和虚荣心。他慢慢也接受了这种想法："是的，因为我喜欢打牌，所以我学习不好；一旦我不打牌了，就会成为最好的学生。但是，我确实喜欢打牌。"他很满意，从中获得了自我满足，因为相信自己有可能成为最好的学生。男孩不懂自己心理的逻辑，可以沉溺于自我安慰中，将自卑感隐藏起来，既不让别人发现，也瞒过了自己。只要他继续这样做，就不会发生改变。因此，我们必须以一种友善的方式向他解释他性格的根源，并揭示出来，他的表现更像是一个没有能力完成学业任务的人。他觉得自己很坚强，只不过是将自己的软弱感和自卑感深深隐藏了起来。正如前文所说，我们要揭示出这一真相，必须以友善的方式进行，同时不断加以鼓励。我们不应该总是赞美他，尤其不要反复提醒他的智商有多高——这种不断的提醒也许正是让他担心自己不能永远成功的原因。我们很清楚，智商在人的一生中不是很重要；所有优秀的实验心理学家都知道智商只能显示出智力测试的结果，而生活太复杂，无法完全展示在测试之中。高智商并不能证明孩子能解决真实生活中的所有难题。

这个男孩真正的问题是缺乏社会意识和有强烈的自卑感。这一结论也必须告诉他本人。

案例 4 | 一个 8 岁半的男孩

这个案例说明了孩子们是如何被溺爱的。青少年犯罪和神经症主要来自娇生惯养的孩子。成年人最应该做的事情是停止溺爱孩子。这并不意味着我们不能爱孩子，只是说必须把握程度。我们应该像对待朋友一样平等对待孩子。这个案例很有价值，因为它描绘了一个娇生惯养的孩子的典型特征。

目前的问题：入学后每一年都留级，现在才读二年级。

如果一个低年级的孩子反复留级，则很可能存在智力问题，我们在分析时必须牢记这种可能性。同时，如果一个孩子刚开始上学时表现很好，后来才变差，就可以排除弱智的可能性。

他喜欢像婴幼儿一样说话。

他想被人溺爱，所以才会模仿婴幼儿。这意味着他心中必须有某个目的和目标，因为他认为表现得像婴幼儿是一种优势。他心里存在理性的、有意识的计划，也就是说，可以排除弱智的可能。他不喜欢学业，因为他没有准备好上学。

因此，他在学校里没有沿着社会认可的路线发展，而是通过反抗环境来表达自己的优越感。这种敌对态度会导致他在每个班级都远远落在后面。

他不听哥哥的话，对哥哥反抗得很强烈。

可以看出，哥哥对他来说是个障碍。由此我们可以预先假定，哥哥应该是个好学生。他和哥哥竞争的唯一方法就是当坏孩子。在他的梦幻世界中，他觉得如果自己只是个婴幼儿，就能超越哥哥。

他在 1 岁 10 个月时学会走路。

他可能曾患过佝偻病。如果他直到 1 岁 10 个月才学会走路，那么也能推断，在这 22 个月里，他一直受到家人的看护，母亲也总陪伴在他左右。我们可以看到，这种生理缺陷导致母亲给予的保护和溺爱更多。

他很早就学会了说话。

现在我们确信他并非弱智。智力障碍主要表现在难以学会说话。

他总爱模仿幼童说话。父亲对他关爱有加。

父亲也溺爱他。

他更喜欢母亲。家里有两兄弟。母亲说哥哥很聪明。兄弟俩经常打架。

兄弟姐妹之间的竞争存在于大多数家庭中，两个一起长大的孩子之间通常都会发生竞争，尤其是家里前两个出生的孩子。这种情况的心理原因是，当第二个孩子出生时，第一个孩子就“退位”了（见第8章），除非孩子们为合作做好了适当的准备，才能避免这种竞争。

他数学很差。

娇生惯养的孩子上学最大的困难通常是数学，因为数学涉及他们所缺失的某种社会逻辑。

他脑袋肯定有点毛病。

我们没有发现毛病。他表现得相当聪明。

母亲和老师认为他会手淫。

有可能。大多数孩子都会手淫。

母亲说他有黑眼圈。

我们不能通过黑眼圈来判断他有手淫的习惯，虽然很多人怀疑二者有关。

他吃东西很挑剔。

我们看到他总是想霸占自己的母亲，甚至将吃饭也作为一种武器。

他怕黑。

害怕黑暗也是孩提时娇生惯养的标志。

母亲说他有很多朋友。

我们相信，这些朋友都是他能支配的人。

他喜欢音乐。

对喜欢音乐的人进行外耳检查具有一定的指导意义。人们发现，喜欢音乐的人的耳朵可能发展得更好。当我们见到这个男孩时，我们确信他的一只耳朵发育良好，而且相当敏感。这种敏感可能表现在对音律和谐的喜爱，拥有这种特性的人可能具备更好的音乐潜力。

他喜欢唱歌，但耳朵有毛病。

这样的人很难忍受吵嚷的生活，耳朵感染的概率比其他人更大。听觉器官的形成有遗传性，所以音乐天赋和耳病都能代代相传。这个男孩有耳病，他家族中有一些擅长音乐的人。

对这个男孩来说，正确的治疗方法是使他更加独立和自立。目前他还没有自立，而且认为母亲必须永远和他在一起，永远不离开。他总是想得到母亲的支持，而母亲当然也很乐意给予这种支持。现在，他可以自由地做他想做的事了——可以自由地犯错误。因为只有这样，他才能学会自立。他必须学会不再和哥哥争夺母亲的欢心。目前，兄弟俩都觉得母亲更喜欢对方，所以才会彼此嫉妒，而这种嫉妒是毫无必要的。

很有必要让这个男孩有足够的勇气去面对学校生活。想想看，如果他不再上学了，会发生什么？他一离开学校，就会彻底偏离到对社会无益的那一面。他可能会从逃学开始，慢慢发展到休学、离家，甚至加入帮派。预防胜过治疗。现在让他适应学校生活，总比以后对付少年犯容易得多。学校现在是关键的考验。目前，他不准备用符合社会要求的方式解决问题，这就是他在学校遇到困难的原因。但学校要给他新的勇气。当然，学校可能也存在一定的问题：或许班级人数过多，又或许老师对心理鼓励工作准备不足。种种因素共同造就了如今的问题。不过，一旦这个男孩能找到合适的老师，能够给他适当的鼓励和鼓舞，他就可以得救。

案例5 | 一个10岁的女孩

由于数学和拼写困难，她被学校送来了咨询室。

对于娇生惯养的孩子来说，数学通常都很难。并不是说娇生惯养的孩子必然数学很差，但我们从经验中发现了一定的规律。我们知道，左撇子在拼写方面常常有困难，因为他们习惯了从右向左看，阅读时也习惯从右向左读。他们读、写出的字母是对的，但往往和一般人相反。很少有人能理解这种正确但相反的阅读方式，人们只知道他们无法阅读，评价他们不能正确阅读或拼写。因此，我们怀疑这个女孩可能是左撇子。她的拼写困难也许还有另一个原因。在纽约这个国际化大都市，我们必须考虑到，她可能是个外国人，因此不能正确地理解英语。在欧洲，我们一般不必考虑这种可能性。

过去发生的重要事情是：这个家庭在德国失去了大部分的积蓄。

我们不知道他们什么时候从德国来的。这个女孩可能曾经历过一段突然结束的美好时光。这是一种全新的情境，也是一场考验。她是否受过正确的合作训练？是否适应社会？是否有足够的勇气？在新情况下，这些问题都将暴露出来。她是否能承受贫穷的重负？也就是说，她是否能与人合作？这些问题也将被揭示出来。现在看来，她似乎无法适当地与人合作。

她 8 岁时离开德国，在此之前一直是个好学生。

这是两年前的事。

她在这边的学校里表现不好，因为拼写困难，数学的教法也和德国不同。

老师确实未必能考虑到这一点。

母亲很宠爱她，女孩也非常依恋母亲。她对父母同样喜欢。

如果你问孩子，“你更喜欢爸爸还是妈妈？”他们通常会回答：“都喜欢！”他们被教导给出这个答案。有很多方法能检验这个答案的真实性，其中之一是让孩子身处父母之间，当我们和父母交谈时，孩子会走向她最爱的人。如果父母都在房间里，孩子从外面进来，我们也能看到同样的现象，她走向谁，谁就是她最爱的人。

她有几个同龄的女朋友，但不算多。最早的记忆是 8 岁的时候，她和父母在乡下，经常和一只狗在草地上玩耍。那时他们还有一辆马车。

她记得她的财富、草地、狗和马车。这和曾经富有过的成年人是一样的，他总是回想起自己有车、有马、有好房子、有仆人的好日子。我们可以理解，现在的她并不满足。

她会幻想圣诞节，想象圣诞老人会带给她什么礼物。

她的梦幻和清醒时的表现一样。她总是想拥有更多，因为她有强烈的被剥夺感，想重获过去的一切。

她喜欢靠在母亲身上。

这是她缺乏自信和学业困难的表现。应该告诉她，作为一个德国孩子，她在学习方面的困难当然比其他美国孩子多，只要努力、勇敢，她也可以学好。

她来咨询室时，没有母亲做伴。她在学校的情况有所好转，在家里也能独自完成各种事情。

有人劝她要独立，不要依赖母亲，什么事都要自己做。

她为父亲做了早餐。

这是合作意识发展的表现。

她相信自己更勇敢了，在这次谈话中似乎表现得更自在。

我们请她下次带母亲一起来。

她带着母亲来了，母亲是第一次来咨询室。母亲一直在努力工作，难以脱身。母亲说，这女孩其实是2岁时被领养的孩子，而她自己并不知情。在2岁之前，她曾在6个不同的地方生活。

这段过去并不美好。这姑娘在2岁之前似乎吃了不少苦。因此，我们面对的这个孩子可能曾经被人憎恨、忽视，后来才受到养母的悉心照料。这个孩子想牢牢抓住这个美好的局面，因为早期的不良经历在她脑海中留下了无意识的记忆。这段经历持续了两年，足够给孩子留下相当深刻的印象。

刚收养这孩子时，有人告诉母亲，必须非常严格地对待她，因为这孩子的出身不好。

提出这一建议的人受到了遗传万能论的毒害。如果她真的非常严厉，女孩就会真的成为问题儿童，那个旁观者就会说："你看，我早就说过！"他根本不知道自己才是问题的根源。

孩子的生母很糟糕，于是养母感到更加责任重大，因为她不是自己的亲生骨肉。她有时也会打孩子。

情况不像从前那么好了。母亲有时不再纵容她，反而会加以惩罚。

父亲溺爱孩子，给她想要的一切。如果她想要什么，她不会说"请"或"谢谢"，而会说"你不是我妈妈"。

要么孩子知道了自己不是亲生的，要么就是凑巧用上了符合现实的语句。我们曾接触过一个20岁的男孩，他不相信母亲是自己的亲生母亲，但父母发誓，孩子不可能知道自己真的是被收养的。显然，他感觉到了。孩子们能从细枝末节中得出结论。大人认为"孩子不知道自己是被领养的"，但有时他们会感觉到。

她会对母亲说"你不是我妈妈"，但不会对父亲说。

父亲没有给她机会攻击自己，因为他愿意给她一切。

母亲无法理解她在新学校发生的变化。现在她成绩很差，

母亲不得不动手打她。

可怜的孩子成绩很差，她已经感到很丢脸、自卑，而母亲又打她——这太难以承受了。哪怕是这两件事只发生一件（成绩差或挨打）她都承受不起，何况是二者同时出现呢？这是一个需要老师们考虑的问题，他们应该意识到，当孩子们拿到糟糕的成绩单时，家里还会发生更多麻烦事。如果老师足够明智，知道成绩单太难看会导致孩子挨打，他可能会避免给出这么差的成绩单。

孩子说她有时会很失礼，甚至会大发雷霆。她在学校太过激动，把整个课堂都搞砸了。她认为自己必须永远是第一名。

我们可以理解，作为被父亲宠坏的独生女，她以前总能得到自己想要的一切。我们也可以理解，她喜欢当第一名。她曾经拥有乡间的土地等财富，现在的她已经觉得过去的优势被剥夺了。如今，她对优越感的渴望更强烈了，但由于没有适宜的表达渠道，她才会忘我地大肆捣乱。

她必须学会合作。我们告诉她，她的兴奋激动，是为了成为大家关注的焦点，而她的暴躁只是让大家看自己的借口。她不好好学习，是因为成绩差会让母亲很生气，而她就是要和妈妈作对。

她多次梦见圣诞老人给自己带来了很多礼物。然后她醒了，发现什么都没有。

在这里，她又一次想唤起这样的情绪和情感，她想获得喜欢的一切，“醒来后发现什么都没有”。请勿忽视潜藏着的危险。如果我们在梦中唤起这种情绪，醒来却是一场空，当然会感到失望。然而，梦只会唤起与醒后的态度相一致的感情。换言之，梦的情感目标不是唤起拥有一切的奇妙感觉，而是失望。正是为了这个目标，梦想被创造出来，直到目标得到满足——也就是失望发生了。抑郁症患者时常会做美妙的梦，醒来后却发现事情恰恰相反。我们可以理解为什么这个女孩想要失望。她想控告母亲，认为是母亲导致她现在的生活一片黑暗。她觉得自己一无所有，母亲也不给她任何东西。“她只会打我，只有爸爸愿意给我东西。”

总而言之，我们可以看到，这个女孩总想让自己感到失望，这样她就可以控诉母亲了。她在和母亲作对，如果我们想阻止这场斗争，就必须说服她，她在家的行为、她的梦和在学校的行为都具有相同的错误模式。她错误的生活方式很大程度上是因为她在美国待的时间很短，没有受过很好的英语培训。因此，我们必须使她相信，这些困难是可以轻易克服的，而她故意把这些困难当作与母亲战斗的武器。我们还必须请母亲不要再打孩子，以免给她提供斗争的借口。必须让孩子意识到，“我不专心学习，暴躁失礼，是因为我想给妈妈惹麻烦”。如果她认识到了这一点，就可以制止自己的不良行为。如果她没有意识到家庭、学校生活和梦中所有经历和印象的意义，当然不可能改变性格。

现在我们知道什么是心理学了——那就是理解一个个体对自己的印象和经历的使用方式。或者，换句话说，心理学意味着理解孩子的行为和对刺激做出反应的感知机制，理解他如何看待某些刺激，如何对它们做出反应，以及如何运用它们以实现自己的目的。

·全书完·

阿德勒年表

1870 年	2 月出生于维也纳
1895 年	取得医学学位后，初为一名眼科医师，后转向研究精神病学
1902 年	受弗洛伊德邀请加入“星期三协会”，也称“维也纳精神分析协会”，即后来“国际精神分析协会”的前身。核心成员包括后来在精神分析领域做出巨大贡献的奥托·兰克、卡尔·亚伯拉罕、保罗·费登和卡尔·荣格
1910 年	成为“维也纳精神分析协会”主席
1911 年	公开反对弗洛伊德的泛性论，是精神分析学派内第一个反对弗洛伊德的心理学家，两人关系宣告破裂。同年创立“自由精神分析研究会”，1912 年更名为“个体心理学研究会”
1914 年	创办《国际个体心理学杂志》，在第一次世界大战中作为奥匈帝国的军医参战
1920 年	任教于维也纳教育学院，成立数间儿童指导中心，逐步形成了自己独特的儿童教育理论
1921 年	之后频繁来往于欧洲和美国演讲
1927 年	成为哥伦比亚大学访问学者
1922 年至 1930 年期间	主持召开了五次国际个体心理学会议
二十世纪三十年代初	阿德勒的诊所因他的犹太人身份被逐步关停，他离开奥地利前往美国
1932 年	担任长岛医学院教授
1937 年	5 月心脏病发作病逝于演讲途中的苏格兰亚伯丁

儿童教育心理学

产品经理 / 晓　莉　　装帧设计 / 游　游
责任印制 / 梁拥军　　技术编辑 / 陈　杰
产品监制 / 曹　曼　　出 品 人 / 于　桐

图书在版编目（CIP）数据

儿童教育心理学 / (奥) 阿尔弗雷德 · 阿德勒著 ; 颜雅琴译. -- 上海 : 上海文化出版社, 2020.11
ISBN 978-7-5535-2148-0

Ⅰ. ①儿… Ⅱ. ①阿… ②颜… Ⅲ. ①儿童心理学-教育心理学 Ⅳ. ①G44

中国版本图书馆CIP数据核字(2020)第203967号

出 版 人：姜逸青
责任编辑：顾杏娣
特约编辑：晓 莉
装帧设计：游 游

书　　名：儿童教育心理学
作　　者：[奥] 阿尔弗雷德 · 阿德勒
译　　者：颜雅琴
出　　版：上海世纪出版集团 上海文化出版社
地　　址：上海绍兴路 7 号 200020
发　　行：果麦文化传媒股份有限公司
印　　刷：河北鹏润印刷有限公司
开　　本：890mm × 1280mm 1/32
印　　张：6.75
字　　数：128 千字
印　　次：2020 年 11 月第 1 版 2020 年 11 月第 1 次印刷
印　　数：1–6,500
书　　号：ISBN 978-7-5535-2148-0 / B · 012
定　　价：39.80 元